A literatura infanto-juvenil brasileira vai muito bem, obrigada

Copyright © 2006 do texto: Gloria Pimentel Correia Botelho de Souza
Copyright © 2006 da edição: Editora DCL — Difusão Cultural do Livro Ltda.

DIRETOR EDITORIAL	Raul Maia Jr.
EDITORA EXECUTIVA	Otacília de Freitas
EDITOR DE LITERATURA	Vitor Maia
ASSISTENTE EDITORIAL	Pétula Lemos
PREPARAÇÃO DE TEXTO	Renato Potenza
REVISÃO DE PROVAS	Adriana Oliveira
	Daniela Padilha
	Fernanda Umile
ILUSTRAÇÕES	Renato Moriconi
CAPA	Wagner Shimabukuro com ilustração
	de Renato Moriconi
PROJETO GRÁFICO E DIAGRAMAÇÃO	Dreampix
PESQUISA ICONOGRÁFICA	Mônica de Souza
ASSESSORIA DE IMPRENSA	Paula Thomaz
SUPERVISÃO GRÁFICA	Roze Pedroso
GERENTE DE VENDAS E DIVULGAÇÃO	Lina Arantes Freitas

Dados Internacionais de Catalogação na Publicação (CIP)
(Câmara Brasileira do Livro, SP, Brasil)

Souza, Gloria Pimentel Correia Botelho de
    A literatura infanto-juvenil brasileira vai muito bem, obrigada! / Gloria Pimentel Correia
Botelho de Souza. – São Paulo : DCL, 2006.

    ISBN 85-368-0094-1

    1. Literatura infanto-juvenil - História e crítica 2. Literatura infanto-juvenil brasileira
- História e crítica 3. Livros e leitura para crianças I. Título.

06-4399   CDD-809.89282

Índice para catálogo sistemático:
1. Literatura infantil : História e crítica 809.89282

1ª edição • agosto • 2006

Editora DCL — Difusão Cultural do Livro Ltda.
Rua Manoel Pinto de Carvalho, 80 — Bairro do Limão
CEP 02712-120 — São Paulo — SP
Tel.: (0xx11) 3932-5222
www.editoradcl.com.br
dcl@editoradcl.com.br

GLORIA PIMENTEL CORREIA BOTELHO DE SOUZA

A literatura infanto-juvenil brasileira vai muito bem, obrigada!

DIFUSÃO
CULTURAL
DO LIVRO

Dedico este estudo aos meus pais,
pelo amor e dedicação sempre presentes em seus corações;
a minha tia, pelo carinho depositado;
ao meu marido, pela paciência de que suas ações foram revestidas;
e aos meus filhos, pela alegria contida em seus corações.

*Lutar com palavras
é a luta mais vã.
Entanto lutamos
mal rompe a manhã...*

CARLOS DRUMMOND DE ANDRADE
(*Antologia poética*. Rio de Janeiro: Record, 1998, p. 182)

SUMÁRIO

Apresentação 9

1 - Literatura comparada, a idéia de cânone e de estudos culturais

Considerações gerais 17
Retrospectiva histórica 18
O uso da expressão literatura comparada e a legitimação da disciplina 18
Escolas francesa, norte-americana e russa: destaques e metodologia 28
Outros comparatistas e suas contribuições 36
Comparatismo nos anos 1990 38
Reflexões sobre cânone, literariedade e estudos culturais 41

2 - Panorama e percurso da literatura brasileira destinada a crianças e jovens

Notas introdutórias, conceituação e problemas 53
Panorama geral da literatura infanto-juvenil 58
Fontes da literatura infanto-juvenil 58
Evolução e principais autores 61
Histórico da literatura infanto-juvenil brasileira e seus pressupostos 69
Fase inicial 78
Fase de transição 81
Fase de expansão 91

3 - A literatura infanto-juvenil brasileira nos anos 1990

Tendências gerais 107
Obras e autores que se destacam para análise 111
A produção literária de Lygia Bojunga 114
A Cama 120

A produção literária de Paulo Rangel 129
O assassinato do conto policial 132
A produção literária de Lia Neiva 146
A gata do rio Nilo 148
A produção literária de Jorge Miguel Marinho 165
Te dou a lua amanhã: biofantasia de Mário de Andrade 168
A produção literária de Luciana Sandroni 183
Minhas memórias de Lobato 186

4 - CONSIDERAÇÕES FINAIS 197

5 - BIBLIOGRAFIA 211

LISTA DE ABREVIATURAS

Universidade Estadual de Campinas	Unicamp
Associação Paulista dos Críticos de Arte	APCA
International Boards of Books	IBBY
Instituto Nacional do Livro	INL
Fundação Nacional do Livro Infantil e Juvenil	FNLIJ
Rowling Player Games	RPG
Associação Brasileira de Literatura Comparada	Abralic
Associação Internacional de Literatura Comparada	AILC
A Cama	AC
A gata do rio Nilo	GRN
O assassinato do conto policial	ACP
Te dou a lua amanhã... biofantasia de Mário de Andrade	TDLA
Minhas Memórias de Lobato	MML

APRESENTAÇÃO

Este texto, inicialmente apresentado como dissertação de mestrado[1], na área de ciência da literatura, trata da produção literária brasileira destinada a crianças e jovens e procura ressaltar sua importância cultural nos anos 1990, por meio do destaque de alguns autores e obras de relevância.

Somente uma abordagem comparativa pode dar conta da multifacetada gama de aspectos dessa literatura que se destina à criança e ao jovem. A disciplina literatura comparada, portanto, é capaz de assentar, com equilíbrio, as nuances dessa produção literária por seu olhar investigativo e crítico, por sua diversidade de estudos e por seu vasto campo de atuação.

Até bem recentemente, os olhares da literatura comparada estavam voltados apenas para o veio canônico da literatura, mas com a ampliação de seus estudos e o ques-

---

[1] Dissertação de Mestrado em Literatura Comparada apresentada à Coordenação de Cursos de Pós-Graduação da Universidade Federal do Rio de Janeiro, em dezembro de 2002.

tionamento sobre o etnocentrismo de suas fases anteriores, tornam-se constantes suas recentes pesquisas sobre aqueles discursos antes excluídos. E é exatamente nesse momento que sobressai o discurso literário infanto-juvenil como uma alteridade, passível de leitura e exame. Por isso esta pesquisa se desenvolveu dentro do âmbito dessa disciplina.

No primeiro capítulo, traça-se um quadro da literatura comparada tradicional, com o intuito de mostrar a transformação por que passou a disciplina até o presente, sobretudo por influência de novas correntes do pensamento, como a desconstrução e os estudos culturais. Constata-se que, até a década de 1970, a disciplina literatura comparada não observou discursos que não pertencessem ao veio canônico da literatura. Mas, devido ao questionamento empreendido nas duas últimas décadas sobre o caráter excludente da disciplina, a esfera dos estudos de literatura comparada se amplia, passando a contemplar outros tipos de discursos até então à margem desse veio erudito. A ênfase do primeiro capítulo, portanto, recai sobre a abertura da literatura comparada, que passa a incluir em seu âmbito o estudo desta produção, tão rica e cada vez mais explorada, que é a literatura infanto-juvenil.

No segundo capítulo, por meio de dados históricos, apresenta-se um panorama geral da literatura infanto-juvenil mundial, demarcando suas fontes e a tradição oral como depositária dessa riqueza cultural. Observa-se o caminho trilhado por essa produção literária até chegar ao Brasil, quando um esboço crítico das diversas fases dessa literatura é traçado. O resultado da análise e exame comparativo entre o que se produz para a criança e o jovem atualmente e o que já se produziu comprova o momento atual de esplendor e revigoramento dessa produção literária brasileira. O passado brasileiro e seu ideal de liberdade, consubstancialmente marcado pela palavra literária, e a manutenção de um *status quo* literário promovem uma discussão fecunda no campo da contextualização da literatura dirigida à criança e jovens. Essa contextualização permite o delineamento do percurso e das tendências dessa literatura ao longo do tempo. Por isso, na esteira da história literária brasileira infanto-juvenil, há que destacar seus momentos de apogeu, de forma a configurar sua tradição cultural e o seu desenvolvimento.

No terceiro capítulo, são apresentados os autores que se destacaram nos anos 1990, com a seleção e a análise crítica de algumas de suas obras. Dando continuidade a esse delineamento teórico sobre o percurso da literatura infanto-juvenil no Brasil até nossos dias, a preocupação se encontra em estabelecer a distinção entre aquilo que é tradicionalmente apresentado, desenvolvido e aceito, como já fazendo parte de um cânone, e a produção literária surgida recentemente, nos anos 1990, sobre a qual não se tem ainda avaliações mais abalizadas, exatamente por datar de pouco tempo, mas que apresenta relação intrínseca com o cenário nacional diverso e fragmentário e surpreende pelo trato literário. Por isso, o estudo não se detém sobre autores consagrados, já tradicionalmente aceitos, constituindo um cânone da história infantil e juvenil brasileira. É o caso de Clarice Lispector, Cecília Meireles, João Guimarães Rosa e Graciliano Ramos, que, inclusive, transitam em todos os níveis, infantil, juvenil e adulto, sem qualquer restrição. O problema aparece quando do se trata de produção recente, que ainda não adquiriu o devido reconhecimento. Daí a ênfase sobre essa produção.

No quarto capítulo, são apresentadas as conclusões, que se voltam para a comprovação de que atualmente a literatura infanto-juvenil brasileira encontra-se numa fase de grande revitalização literária.

APRESENTAÇÃO

Esta obra, bem como a análise crítica da evolução, características e tendências atuais dessa produção literária, contribui para melhorar a visão de conjunto do contexto cultural brasileiro, já que a literatura infanto-juvenil brasileira representa um veio do pensamento e da identidade do povo brasileiro.

Não se pode deixar de mencionar os estudiosos brasileiros da literatura infantil e juvenil que se fizeram presentes neste trabalho. Leonardo Arroyo representa a base das reflexões sobre a literatura infantil brasileira. Nelly Novaes Coelho, com sua incansável pesquisa histórica e suas observações sobre autores e obras pertencentes à literatura infanto-juvenil brasileira, é também referência para o estudo em questão. Marisa Lajolo, Regina Zilberman e Eliana Yunes contribuem muito para o nosso estudo por suas reflexões atuais sobre esse processo literário. No entanto, Laura Sandroni, Gloria Maria Fialho Pondé e Edmir Perrotti representam o tripé que, inicialmente, estimulou este trabalho.

Laura Sandroni, em seu criterioso estudo *De Lobato a Bojunga; as reinações renovadas*[2], não só contextualizou a produção literária brasileira para crianças e jovens em suas diversas épocas como elegeu, de um lado, o escritor Monteiro Lobato como inovador e revitalizante da linguagem e da literatura infantil e juvenil brasileira e, de outro, a premiadíssima autora Lygia Bojunga como a grande mantenedora desse processo de renovação.

Gloria Maria Fialho Pondé, em seu livro *A arte de fazer artes*[3], fez demarcações importantes com relação à produção cultural dos anos 1970 e 1980.

---

[2] SANDRONI, Laura. *De Lobato a Bojunga; as reinações renovadas*. Rio de Janeiro: Agir, 1987.

[3] PONDÉ, Gloria Maria Fialho. *A arte de fazer artes*. São Paulo: Nórdica, 1985.

Edmir Perrotti, em seu livro *O texto sedutor na literatura infantil*[4], destacou, analisou e avaliou como texto sedutor a obra *O caneco de prata*[5], de João Carlos Marinho, publicado na década de 1970, e discutiu também questões relativas ao discurso utilitário e ao discurso estético. Cada um desses estudiosos contribuiu com sua pesquisa, seu conhecimento, dados estatísticos e pontos de vista para que este estudo avançasse.

A terminologia utilizada para a caracterização dos diferentes momentos por que passou a literatura infanto-juvenil brasileira é apenas didática e contempla, de forma simples e objetiva, as diversas etapas dessa produção literária no País, propiciando demarcações históricas para facilitar o estudo desenvolvido. Obviamente, ela é fruto de leitura e acerto mencionados por esses estudiosos já referidos. Desse modo, consideram-se os seguintes momentos nesse percurso:

1º – A *Fase inicial*, também denominada fase de *tradução e imitação*, quando a produção brasileira para crianças e jovens é composta de traduções e de obras destinadas à escola, algumas imitativas da Europa, ou mesmo importadas. Essa fase corresponde ao período inicial de formação dessa literatura.

2º – A *Fase de transição*, quando os escritores começam a se preocupar com a adequação do texto para a criança e, em conseqüência, com o abrasileiramento da linguagem. O destaque, nessa fase, fica para Monteiro Lobato, devido às suas inovações não só com relação a temáticas, até então concernentes ao leitor adulto, mas também à literariedade, como marca de sua escrita, e até sua posição de divulgador do livro infantil como mercadoria.

---

[4] PERROTTI, Edmir. *O texto sedutor na literatura infantil*. São Paulo: Ícone, 1986.

[5] MARINHO, João Carlos. *O caneco de Prata*. São Paulo: Global, 1971.

APRESENTAÇÃO

3º – A *Fase de expansão*, bem mais tarde, na década de 1970, quando alguns autores surpreendem (e não são poucos!) pela organização ficcional, pela estrutura narrativa, pela linguagem e pela variedade temática. Devido ao vigor e à renovação, essa década é apontada como marco definitivo entre a velha e a nova visão da literatura infanto-juvenil no Brasil[6].

É importante ressaltar que se observou uma quarta fase, objeto deste estudo: a fase de amadurecimento dessa literatura com o surgimento de um bom número de autores novos, a diversidade de temáticas trabalhadas, a utilização de recursos até então exclusivos da literatura geral e a presença da literariedade, comprovando a afirmação de que vivemos um momento áureo na literatura brasileira destinada a crianças e jovens.

Apenas cinco autores compõem o *corpus* desse quarto momento na literatura infanto-juvenil brasileira. São eles: Lygia Bojunga, com seu livro *A cama*, publicado pela editora Agir em 1999, Paulo Rangel, com a sua obra de caráter policialesco *O assassinato do conto policial*, publicado pela FTD em 1989, Jorge Miguel Marinho, com o livro *Te dou a lua amanhã...: biofantasia de Mário de Andrade*, publicado pela FTD em 1993, Lia Neiva, com o livro *A gata do rio Nilo*, publicado pela José Olympio em 1999, e Luciana Sandroni, com *Minhas memórias de Lobato, contadas por Emília, Marquesa de Rabicó e pelo Visconde de Sabugosa*, publicado pela Companhia das Letrinhas em 1997.

Além de ser publicações recentes, de traduzir o pensamento da época em estudo e corresponder às necessidades e interesse dos leitores jovens, essas obras apresentam ampla diversidade temática e, inclusive, uma correlação estreita com o ideal de orientação escolar em vigor. Também

---

[6] SANDRONI, Laura, op. cit., p. 14.

(re)memoram outras influências, como a do grande escritor modernista Mário de Andrade ou do grande entusiasta, que constituiu um marco na literatura infanto-juvenil, Monteiro Lobato, e acabam por responder à grande indagação sobre quais as tendências da literatura infanto-juvenil hoje e sua posição no cenário nacional.

A estratégia dos autores, a articulação do texto, a elaboração da linguagem, os recursos utilizados e muitos outros aspectos demonstram uma imbricação entre a literatura infanto-juvenil e a literatura geral no Brasil, encerrando de vez questões polêmicas com relação a esses gêneros e sua diferenciação. Por meio da leitura, da observação, da análise e da comparação do *corpus* selecionado, procura-se demonstrar a efervescência de uma literatura de qualidade nos anos 1990.

Atualmente, a literatura infanto-juvenil brasileira tem conseguido, de modo geral e adequado, conciliar a qualidade do ficcional à demanda da produção industrial. Por que, então, relegá-la a um papel de menor importância, se, no cenário nacional literário, ela tem mantido uma posição relevante?!

1
LITERATURA COMPARADA, A IDÉIA DE CÂNONE E DE ESTUDOS CULTURAIS

Considerações Gerais

Atualmente, a posição de relevância alcançada pela literatura infanto-juvenil brasileira contradiz a acentuada desvalorização e marginalidade a que essa produção literária ficou sujeita durante muito tempo, tendo sido sempre considerada uma literatura menor, não só por se tratar de uma escrita dirigida ao leitor mirim, mas também por ter como finalidade primeira sua orientação moral e pedagógica. Entre a desvalorização e o grande *boom* dessa literatura que se dá por volta de 1970, com o surgimento de autores e obras que imprimiram um caráter novo a essa produção, ocorre a ampliação dos estudos comparados. Nessa discussão sobre o papel da disciplina literatura comparada e sua evolução, surge a possibilidade de investigação literária sobre outros discursos que não aqueles considerados canônicos

pela tradição. Com as tarefas de observar, examinar, analisar, descrever, interpretar, comparar e avaliar, a literatura comparada será capaz de redimensionar o valor da literatura infanto-juvenil brasileira não só como produção cultural representativa de um povo, mas por seu caráter literário.

Nesse sentido, uma breve retrospectiva histórica sobre o pensamento dos patriarcas e fundadores da disciplina literatura comparada, mostrando sua tentativa de delimitar o campo de ação, os objetivos e os postulados até a consolidação da disciplina, no século XIX, comprovará sua evolução nos anos 1990 e sua abertura para os estudos da literatura infanto-juvenil.

RETROSPECTIVA HISTÓRICA

O uso da expressão "literatura comparada" e a legitimação da disciplina

O primeiro passo desta retrospectiva é verificar os diversos enfoques conferidos à palavra "literatura" e, em seguida, observar de que modo "comparar" deixa de ser um atributo inerente ao pensamento para significar um método científico. O segundo passo é confirmar, por meio do uso da combinação "literatura comparada", a legitimação da disciplina. O emprego da expressão "literatura comparada", cada vez mais freqüente, aliado ao aparecimento de diversas publicações específicas, cursos e cátedras surgidas nas universidades, ao longo dos anos, contribuiu para a consolidação dessa disciplina no século XIX.

A concepção que se tinha de literatura até o século XVIII era diferente do que se conceberia no século seguinte. O conceito de literatura estava ligado à "ciência em geral" ou, mais especificamente, à "cultura do homem de letras". Basta lembrar que, em latim, "literatura" significava "instrução, saber relativo à arte de escrever e ler ou, ainda, gramática, alfabeto, erudição" etc. Portanto, todo o conjunto de obras valorizadas pela sociedade era considerado "literatura": filosofia, história, sermões, discursos fúnebres, ensaios, tratados de poesia e cartas. Terry Eagleton, em *Teoria da literatura*, demonstra que, no século XVII, faziam parte da literatura inglesa não só os escritos de Shakespeare, mas "os ensaios de Francis Bacon, os sermões de John Donne, a autobiografia espiritual de Bunyan, e os escritos de Sir Thomas Browne..."[1]. Ele ainda acrescenta que

> *A literatura francesa do século XVII conta, além de Corneille e Racine, com as máximas de La Rochefoucauld, com os discursos fúnebres de Bossuet, com o tratado de poesia de Boileau, com as cartas de Mme. De Sevigné à sua filha, e com a filosofia de Descartes e Pascal*[2].

Na primeira metade do século XVIII, o que se passou a entender por literatura era conhecido como "poesia", e os critérios utilizados para definir se a obra constituía literatura estavam ligados aos padrões de "belas letras" e eram puramente ideológicos:

> *[...] os escritos que encerravam os valores e "gostos" de uma determinada classe social eram considerados literatura, ao passo que uma balada cantada nas ruas, um romance popular, e talvez até mesmo o drama, não o eram*[3].

Sendo assim, a literatura começava a assumir uma certa importância por encerrar valores e difundi-los. Tais valores eram costumes, gostos e representavam padrões culturais.

Mas somente na segunda metade do século XVIII, com a transformação da vida cultural e artística da Europa moderna, "literatura" passa a significar uma espécie de atividade do letrado e sua produção. E no final desse século seu significado se amplia para "o conjunto de obras literárias de um determinado país": literatura inglesa, literatura francesa etc. Foi com o período romântico, compreendido entre a metade do século XVIII e a metade do século XIX, que as definições sobre literatura começaram a se desenvolver. A literatura, nesse período, tornava-se sinônimo de tudo o que era "imaginativo". Segundo Wellek, é um movimento que se traduz na "mesma concepção da literatura e da imaginação poética, a mesma concepção da natureza e suas relações com o homem, o mesmo estilo poético, formado de imagística, símbolos e mitos peculiares"[4]. Esse é um período histórico de revolução: os regimes feudais ainda remanescentes são derrubados pela classe média emergente. O Romantismo, na verdade, representa uma crítica às ideologias racionalistas ou empiristas e a imaginação torna-se uma força política, com a tarefa de transformar a sociedade em nome da energia e dos valores representativos pela arte.

O significado de "fenômeno literário em geral", já não mais restrito a um país, só vai ocorrer mais tarde. Na verdade, o sentido moderno da palavra literatura só começa a surgir de fato no século XIX, quando sua noção vem acompanhada da idéia de "criação estética", pois, com a crescente especialização da ciência, não há como considerar os escritos de caráter científico como literatura.

Com relação ao adjetivo "comparado", desde a Antigüidade clássica, os filósofos e literatos, versados em mais de uma língua, faziam estudos de literatura comparada ao comparar os mais diversos textos. A existência de duas literaturas já era suficiente para uma possível comparação. É o caso das literaturas grega e romana. Era comum comparar um autor com outro, investigar o que tal autor devia a outro ou per-

guntar em que fonte tal autor buscou o tema de seu livro.
Os filósofos gregos, em seu processo de reflexão para a compreensão do mundo, já utilizavam os elementos presentes na comparação: a observação, o raciocínio; daí a capacidade de síntese e o julgamento crítico. Desde Parmênides já estava acertado que por meio do pensamento podemos chegar ao conhecimento[5]. Examinando a teoria das idéias de Platão, o estudo do silogismo e a argumentação dialética na doutrina das categorias, com Aristóteles, verifica-se que a comparação é um dos primeiros estágios da faculdade do pensamento. Desse modo, a comparação, ou seja, a confrontação para o estabelecimento de semelhanças ou diferenças, sempre foi utilizada pelos estudiosos, sem a característica de método.

Posnett, renomado comparatista, em "O método comparatista e a literatura", ressalta que, embora a comparação tenha sido praticada pelos antigos, "nunca alcançou entre eles a postura de um método por ser pouco rigorosa"[6]. É sabido que, durante muito tempo, os povos só tinham contato consigo próprios. Por isso, esse rigor só será alcançado muito mais tarde.

Na Idade Média, o homem estava conformado com as justificativas católicas que o prendiam à Terra e exaltavam os céus. A fé, portanto, condicionava a sociedade agrária e explicava o mundo. O homem devia lutar forçadamente por sua sobrevivência e ainda prestar contas aos soberanos. Apenas as ordens religiosas, isoladas nos mosteiros, tinham acesso a textos de filosofia, geometria e astronomia. A população laica não participava desse saber.

No período de transição, que vai do século XV ao século XVIII, devido ao sucesso das grandes navegações, da revolução comercial e das transformações sociais, políticas, econômicas e ideológicas, ocorre mudança significativa no modo de o homem enxergar o mundo. Era a primeira vez que as nações deixavam de olhar para si próprias e enxergavam o outro, o estrangeiro, pois o comércio facilitava o contato entre os povos, suas diversas culturas e expressões literárias. Era promovido, de certa forma, um intercâmbio cultural que amadurecia com a difusão das idéias e do livro, levada a cabo pela recém-descoberta imprensa. Marshall Berman, em *Tudo o que é sólido desmancha no ar*, observa que nesse período "as pessoas estão apenas começando a experimentar a vida moderna"[7].

Toda essa maneira inusitada de viver, de enxergar o mundo e o homem favoreceu o surgimento do pensamento individual. Por isso, Joseph Texte, outro importante comparatista, afirma que, sem dúvida, "a grande revolução política do século XV constitui, pois, a origem autêntica do método comparativo"[8]. Ao pensamento de Joseph Texte, Posnett acrescenta ter sido "o Renascimento latino, seguido pouco depois do Renascimento grego, que estabeleceu as fundações para o método comparativo no espírito da Europa"[9].

Esse espírito comparatista pode ser observado em Francis Meres, que publicou em 1598 *A comparative discourse of our English poets with the Greek, Latin and Italian poets* [Discurso comparado de nossos poetas ingleses com os poetas gregos, latinos e italianos].

No século XVII, transformações significativas na estrutura do pensamento promoveram uma revolução científica. Era a afirmação da ciência experimental que procurava descobrir e explicar os fenômenos e as leis que constituem a natureza. A idéia do universo em movimento, apresentada pelos racionalistas desse século, favorecia discussões em torno da liberdade, do progresso e do homem. O aprimoramento das técnicas e dos utensílios de medição, bem como da imprensa e dos demais meios de comunicação, levou a uma transmissão cada vez maior de informações e de saber. O aperfeiçoamento da imprensa não só possibilitou a publicação dos clássicos gregos e romanos como permitiu a reflexão e o intercâmbio de idéias. Tudo isso alargava o pensamento do homem. Nesse sentido, é fácil entender que o comparatismo virou moda, pois imitar, tomar algo como referencial, significava estabelecer parâmetros comparatistas. De certa forma, o crescimento industrial e mecânico favorecia a comparação de modo geral.

Desse modo, por essa época, o adjetivo "comparado" aparece nos títulos de alguns livros não restritos ao campo da literatura. Em 1602, por exemplo, William Fulbecke publicou *A comparative discourse of the laws* [Um discurso comparado das leis] e, em 1682, Daniel Georg Morhof publicou *Von der teutschen Poeterey Ursprung und Fortgang*, cuja abordagem é essencialmente comparativa.

Na literatura, a melhor ilustração para demonstrar a riqueza cultural dessa época, seu ideal de progresso, tão bem entrevisto no campo científico, comercial e de produção industrial, é o episódio chamado "Querelle des anciens et des modernes". Charles Perrault, escritor de contos para crianças[10], teve participação nessa querela e saiu vitorioso. Em 27 de janeiro de 1687, leu, em sessão da Academia Francesa, para celebrar a convalescença do rei, um poema intitulado "Século de Luís, o Grande", em que defendia a tese da superioridade dos escritores modernos sobre os antigos. A polêmica durou vários anos, destacando-se, na oposição a Perrault, o grande teórico da época, Nicolas Boileau. A importância da disputa estava em ter contestado pela primeira vez o dogma da superioridade absoluta dos escritores da Antigüidade, sobre o qual se fundava a estética do classicismo. É exatamente nesse momento, de abandono do predomínio do gosto clássico, que ocorre a difusão da literatura comparada. Talvez, por isso, Louis Paul Betz considere Perrault o iniciador da investigação comparativa[11]. Assim, também a literatura infanto-juvenil deve a Perrault seu crédito inicial, quando ele transformou em linguagem escrita e literária os contos que corriam de boca em boca entre a população de seu tempo.

O século XVIII foi um período bastante propício a novas idéias. O clima de inconformismo e de crise social estimulava o espírito, fazia com que os intelectuais procurassem respostas e soluções para os problemas de seu tempo. Nessa época, o movimento intelectual que teve sua maior expressão na França era conhecido como Ilustração, Época das Luzes e Iluminismo. Isso se explica pelo cosmopolitismo da cultura francesa, seu interesse pela literatura e o modo de pensar dos estrangeiros.

Nesse período, a palavra "comparada" continua sendo utilizada em variados estudos. Em 1765 surgiu *A comparative anatomy of brute animals* [Anatomia comparada dos animais selvagens], de autoria de John Gregory, que no ano seguinte publicou *A comparative view of the state and faculties of man with those of the animal world*. O ideal do estudo comparativo está, além disso, muito bem formulado em *Lectures on the sacred poetry of the Hebrews*, do padre Robert Lowth, em 1753. Mas a afirmação do uso da palavra "comparada" só vai ocorrer no século XIX, quando, nos mais diversos campos do conhecimento, comparar estruturas ou fenômenos semelhantes torna-se método de trabalho científico. A título de exemplificação, apresenta-se a seguinte relação de publicações nas diferentes áreas onde o interessante é observar o mesmo objetivo – a comparação –, o que demonstra o esboço de uma terminologia e a afirmação de um ponto de vista. Nas ciências naturais: *Lições de anatomia comparada*, de Cuvier, em 1800; na filosofia: *História comparada dos sistemas de filosofia*, de Degérand, em1804; nos

GLORIA PIMENTEL CORREIA BOTELHO DE SOUZA

estudos de mitologia: *Mitologia comparada*, de Toussaint, em 1802; nos trabalhos de fisiologia: *Fisiologia comparada*, de Blainville, em 1833; nos estudos de gramática: *Gramática comparada*, de Bopp, em1833; e nos estudos de embriogenia: *Embriogenia comparada*, de Coste, em 1837.

Aos poucos, os estudos literários se utilizam da comparação com mais rigor científico. Cumpre destacar a obra *Da Alemanha*, que data de 1800, de Mme. De Stäel, de cunho estritamente comparativo, como se pode ver pelo próprio subtítulo: "Da literatura considerada em suas relações com as instituições sociais".

Na França, já em 1816, Nöel e Laplace publicam uma série de antologias de diversas literaturas (francesa, inglesa, italiana), sob o rótulo geral de *Curso de literatura comparada*, embora em tomos separados sem nenhuma preocupação de confrontá-los.

Pouco depois, Abel-François Villemain, em seu curso de literatura, realizado entre 1827 e 1828, na Sorbonne, fala do estudo de literatura comparada e pesquisa as influências inglesas na literatura francesa. Em sua obra *Panorama da literatura francesa do século XVIII*, emprega várias vezes não só a combinação "literatura comparada" como ainda as expressões "panoramas comparados" e "história comparada".

Mais tarde, J.-J. Ampère, em seu *Discurso sobre a história da poesia* (1830), refere-se à "história comparativa das artes e da literatura", onde se delineia a idéia de interdisciplinaridade e reemprega o termo no título da obra de 1841, *História da literatura francesa na Idade Média comparada às literaturas estrangeiras*. O vocábulo *comparative* competiu durante algum tempo com *comparée*. Ampère fala de história comparativa como também de história comparada. O artigo de Sainte-Beuve, um elogio fúnebre a Ampère, publicado na *Revue des Deux Mondes*, em 1868, é decisivo em favor da expressão "literatura comparada" e considera Ampère como fundador da "história literária comparada".

Também Philarète Chasles, em 1835, formula alguns princípios básicos do que considerava ser "uma história literária comparada". A proposta era de uma nova visão da história da literatura, da filosofia e da política. O caráter interdisciplinar da literatura comparada já está marcado aí. Por volta de 1847, publica *Études sur l' Espagne et sur l'influence de la littérature espagnole en France et en Italie*.

Na Inglaterra, a combinação "literatura comparada" parece ocorrer pela primeira vez numa carta particular de Matthew Arnold em 1848, só publicada em 1895[12]. Mas é o professor de literaturas clássicas e inglesas, Hutcheson Macaulay Posnett, irlandês radicado na Nova Zelândia, que, em 1886, publica o primeiro livro em língua inglesa que discute os métodos e os princípios da literatura comparada, o que marca a inauguração oficial das pesquisas comparatistas. O título do livro é *Comparative literature*[13]. Embora sua abordagem da questão seja de ordem sociológica, da evolução da literatura permeada pelo meio em que se desenvolve, esse é o primeiro trabalho específico na área da literatura comparada.

Na Alemanha parece ter sido Moriz Carrière quem adota pela primeira vez a expressão *vergleichende Literaturgeschichte* (história comparativa da literatura), depois difundida como *vergleichende Literaturwissenschaft* (ciência comparativa da literatura). Sua intenção era integrar a literatura comparada à história geral da civilização. Mais tarde, o termo começa a se difundir. Agora já é ciência comparativa, sinal de que adquire foros acadêmicos. Mas é em Berlim que surge o primeiro periódico da disciplina comparativista, o *Zeitschrift der vergleichenden Literaturgeschichte* [*Jornal de Ciência Comparativa da Literatura*] (1887-1910), editado por Max Koch, professor da Universidade de Breslan.

Por volta de 1861, a literatura comparada fazia sua entrada nas universidades européias. Uma cátedra havia sido criada na Universidade de Nápoles, na Itália, a pedido do célebre crítico Francesco De Sanctis. O ministro da educação Giorgio Herwegh lecionaria a disciplina a partir de 1863. Em 1877, Arturo Graf, renomado professor de literatura comparada da Universidade de Turim, publica sua aula inaugural: *Storia litteraria e comparazione*.

A primeira cátedra francesa foi a de Lyon, ocupada em 1896 por Joseph Texte, que defendia a tese do cosmopolitismo literário, ou seja, da inter-relação das literaturas. Além do pronunciamento de uma série de conferências sobre o assunto na Sorbonne, Texte teceu considerações sobre o livro de Posnett e a literatura comparada, antecipando a evolução da disciplina:

> [...] *é curioso como o próprio livro, somando-se a este aspecto o grande número de trabalhos que a literatura comparada suscitou recentemente no estrangeiro, nos leva a crer que este campo de nossas pesquisas não é, com efeito, sem perspectivas*[14].

Nos Estados Unidos, mais tardiamente, com a virada do século, surgirão os estudos comparados, pela criação de departamentos de literatura comparada nas Universidades de Columbia, em 1899, e Harvard, em 1904.

Em 1911, mais uma cátedra surge na Europa, dessa vez no leste, na Universidade de Praga, com o nome de "*srovnáci literatura*". A partir de sua legitimação, a disciplina torna-se objeto de ensino regular nas grandes universidades européias e norte-americanas com bibliografia específica e publicações especializadas nos primeiros decênios do século XX.

Por essa época, Louis Paul Betz, professor da Universidade de Zurique, já havia compilado a primeira bibliografia sobre o assunto, publicando em 1900, em Estrasburgo, sob o título de *La littérature comparée: essai bibliographique*. Essa bibliografia serviu de base 50 anos depois à famosa *Bibliography of comparative literature*, de Baldensperger e Friederich. Observe-se que Betz concebia a literatura comparada não como um novo método, mas como uma nova categoria dos estudos literários, e chamava a atenção para a necessidade de ampliação desses estudos, relacionando-os com outras áreas do saber, ou seja, para além do estritamente literário. Ele e Joseph Texte discutem questões similares: a teoria dos empréstimos mútuos, a relação entre individual, nacional e universal e os conceitos de fontes e influências.

Mas todas as convergências no uso do termo ocorrem no século XIX. É nessa época que o vocábulo "literatura" adquire a sua significação moderna e a palavra "comparada" ganha legitimidade, assim como a disciplina, que coincide com o aparecimento das hodiernas ciências humanas (lingüística, etnografia, história).

As escolas francesa, norte-americana e russa: destaques e metodologia

No percurso do comparatismo, deparamo-nos com o diálogo e a atuação diversificada de três grandes escolas: a francesa, a norte-americana e a russa, que hoje representam três grandes aspectos do comparatismo, ou porque se complementam ou porque esse é o resultado inevitável do desenvolvimento histórico geral da disciplina.

Em princípio, é necessário esclarecer que a denominação "escolas" só aparecerá em 1958, após o pronunciamento do professor René Wellek[15], no Congresso da Associação Internacional de Literatura Comparada, na Universidade da

Carolina do Norte, pois sua conferência intitulada "A crise da literatura comparada" provoca um verdadeiro corte no comparatismo tradicional.

Até então, a escola francesa detinha a supremacia da orientação da disciplina, devido à atividade primeira e ininterrupta de seus estudiosos, bem como ao grande número de publicações sobre literatura comparada. Mas o forte sentimento nacionalista dos franceses, associado à prática historicista e ao positivismo, conferia à disciplina uma atuação mais ortodoxa e erudita, o que concorreu para a crise apontada mais tarde pelo professor René Wellek.

Os baluartes desse chamado comparatismo tradicional são: Fernand Baldensperger, Paul Van Tieghem, Jean-Marie Carré e Marius-François Guyard. Através da observação de seus estudos, depreende-se grande preocupação com fontes e influências e com o desenvolvimento cronológico e a evolução da literatura.

Fernand Baldensperger, professor de literatura comparada na Universidade de Sorbonne e professor visitante em diversas universidades norte-americanas, é considerado o "patriarca do comparatismo francês". Foi ele quem redescreveu as primeiras contribuições comparatistas: "o estudo dos temas", também chamado "tematologia", e "o estudo das inter-relações" entre as obras de várias literaturas, ampliando o interesse pelo acompanhamento do destino dessas obras dentro e fora do país. Sua dinamicidade deu impulso à disciplina. Em 1921, junto com Paul Hazard, foi o fundador de um dos órgãos dedicados à pesquisa comparatista: a *Revue de Littérature Comparée*. E, em colaboração com Werner Friedrich, Baldensperger foi também autor da famosa *Bibliography of comparative literature* (1950), tida por muitos como o marco inicial dos modernos estudos de literatura comparada.

Paul Van Tieghem, um dos iniciadores da escola francesa, procurou sistematizar a teoria e os métodos, ou seja, os princípios e as modalidades da atuação comparatista da literatura comparada, em um manual normativo, datado de 1931, intitulado *La littérature comparée*, que se tornou um clássico da disciplina tanto na França quanto no exterior. Para ele, o objeto da literatura comparada era "essencialmente o estudo de diversas literaturas em suas inter-relações"[16], isto é, verificar de que forma as obras estariam ligadas entre si na inspiração, no conteúdo, na forma, e no estilo.

A intenção de Paul Van Tieghem era preparar uma história literária internacional que se organizaria em três etapas: a história das literaturas nacionais, a literatura comparada, que se ocuparia com a investigação de afinidades, e, finalmente, a literatura geral, que sintetizaria os dados antes colhidos. Desse modo, a literatura comparada assumiria um caráter complementar, tornando-se subsidiária da historiografia literária e da literatura geral. A atuação do comparatista ficaria então restrita à pesquisa de "fatos comuns a duas literaturas parecidas". Embora sua concepção tornasse a literatura comparada uma disciplina secundária dentro do campo da literatura francesa, é inegável sua contribuição. Obviamente, desde cedo, a literatura comparada na França apresenta caráter "transnacional".

Vinte anos mais tarde, J.-M.Carré prolongaria as orientações de Van Tieghem, reforçando a inclinação historicista nos estudos comparados em detrimento de uma perspectiva crítica textual, embora já não professasse o binarismo nos estudos comparados. Literatura comparada passaria a ser "um ramo da história literária" e, mais precisamente, "o estudo das relações espirituais internacionais". O caráter de transnacionalidade continua bem marcado.

Marius François Guyard, sucessor de Carré, publicou em 1951 um manual intitulado *La littérature comparée* que obteve tanta repercussão na França quanto no exterior, sendo traduzido em vários idiomas e acabando por tornar-se também um texto clássico. Em seu manual, Guyard define a literatura comparada como a "história das relações literárias internacionais"[17]. Ele destacava uma das modalidades de estudo da literatura comparada, a "imagologia" (estudo da imagem que os povos fazem de si mesmos e dos outros), e tentava dar à disciplina uma definição objetiva, mas insistia na distinção entre crítica e comparatismo, prejudicando a compreensão de ambas as atividades. Delegava à crítica o paralelismo e à literatura comparada apenas o levantamento de dados sobre o que um autor lê de outro[18]. Enfatizava a necessidade do comparatista conhecer diversas línguas e dominar um instrumental bibliográfico básico.

Durante um certo tempo, a escola norte-americana adotara a orientação francesa, mas, aos poucos, essa orientação deixara de exercer sua influência. Alguns fatos favoreceram a discordância: os norte-americanos são mais despojados de inflexões nacionalistas e muito mais liberais e abertos a novos estudos. Não apresentavam preconceito patriótico como os franceses porque eram uma nação de imigrantes. Muitos de seus críticos tinham outra pátria cultural, mesmo sem ter vivido lá. Além disso, a cidadania norte-americana não era necessária para a indicação a uma cátedra[19]. Conseqüentemente, o comparatismo norte-americano é interessante por sua riqueza, diversidade e abertura. E Wellek é marca não só de ruptura com o comparatismo tradicional, mas representa marco inicial da escola norte-americana.

A crise mundial provocada pela Primeira Guerra, segundo o professor René Wellek, tcheco, radicado nos Estados Unidos, também era observada na literatura comparada.

Wellek reagiu contra o historicismo tradicional (mas não contra a dimensão histórica imprescindível na abordagem de um texto literário), contra o causalismo e o cunho extraliterário dos estudos comparatistas de orientação francesa clássica (estudos de fontes e influências), bem como contra a falta de significado entre essas relações, e propôs uma análise centrada no texto, de descoberta de valores e qualidades, sem deixar de lado a relação do texto como o contexto social e cultural do qual o texto emerge. Condenou a distinção entre literatura comparada e literatura geral e o ressurgimento da *Stoffgeschichte*[20] alemã e aceitaria qualquer possibilidade de estudos comparativos no interior de uma só literatura. Na esteira de influências marcantes em seus estudos estão o formalismo, a fenomenologia e o *new criticism*.

Henry H. H. Remak aponta para novos caminhos. Condenou a exclusão da crítica literária do domínio da literatura comparada, assim como qualquer divisão rígida entre literatura comparada e literatura geral. Criticou também o caráter historicista e extraliterário dos estudos de fontes e influências. Sua contribuição está em ter acentuado o cunho abrangente e interdisciplinar da disciplina (a disciplina pode servir-se de diversos métodos e de variadas correntes teórico-críticas e também pode comparar literatura com outras formas de manifestações artísticas). Segundo Remak, literatura comparada é o estudo da literatura nas fronteiras de um país particular e o estudo da relação entre literatura, de um lado, e outras áreas do conhecimento, como artes (pintura, escultura, arquitetura, música), filosofia, história, ciências sociais (política, economia, sociologia), as ciências em geral, religião etc[21].

O fato de a escola francesa e a escola norte-americana situarem-se em contextos culturais distintos explica as diferenças entre elas. Os franceses não aceitavam o estudo da literatura com outras artes ou ramos do conhecimento, além de restringir esse estudo comparativo de obras ou autores a duas literaturas distintas. A escola francesa também propunha métodos rigorosamente históricos, enquanto a escola norte-americana tendia para os estudos paralelísticos. Os norte-americanos, por sua vez, aceitavam esses estudos no interior de uma literatura nacional.

Em 1968, os franceses Claude Pichois e André Rousseau elaboraram um manual intitulado *La littérature comparée*, mais rico, atualizado e abrangente em suas informações, propostas e conceitos do que o de Guyard. O livro era semelhante ao de Guyard por tratar de "trocas literárias internacionais" e ocupar-se da caracterização dos elementos que intermedeiam esses processos, mas mais conciliador no que se refere à definição da literatura comparada. Foi tanto o sucesso desse manual, que a segunda edição se esgotou rapidamente, o que favoreceu o surgimento de uma terceira versão, em 1983, com título novo, *Qu'est-ce que c'est la littérature comparée?*, e a colaboração de um terceiro co-autor, Pierre Brunel. Por conta do acréscimo das contribuições teóricas mais recentes e por seu caráter mais dialético, a nova versão foi muito bem aceita, embora ainda insistisse em coincidências, analogias e influências.

Simon Jeune marca o momento de transição no comparatismo francês nos anos 1960. Publica também um manual intitulado *Littérature genérale et littérature comparée*[22].

Outros estudiosos que tiveram importante papel no âmbito dos estudos comparatistas e integraram a chamada "Escola norte-americana" foram A. Owen Aldridge, Werner Friederich, Harry Leaven, Ulrich Wesstein e François Jost. Aldridge defende o caráter internacional da disciplina. Para ele, a perspectiva adotada na abordagem do fenômeno literário não deveria ser o simples estudo de obras e autores de línguas ou nacionalidades diferentes nem o simples estabelecimento de confrontos entre literaturas nacionais, mas a ampliação da perspectiva do crítico na abordagem da obra literária[23].

Friederich lutou pelo desenvolvimento da disciplina nos Estados Unidos e por sua consolidação e autonomia no meio acadêmico norte-americano. Lutou também pela internacionalização dos estudos literários. Foi o criador, juntamente com Chandler Bell, do periódico *Comparative Literature* em 1949, na Universidade de Oregon, e também do *Yearbook of comparative and general literature,* em 1952. Também foi um dos fundadores da AILC (Associação Internacional de Literatura Comparada), da qual foi presidente mais tarde[24].

Levin acentuou o caráter internacional da disciplina, questionou a excessiva preocupação metodológica e a falta de uma prática maior de comparatismo, reagiu contra todo tipo de visão reducionista (como a delimitação rígida entre as atividades do crítico e do comparatista) e criticou a divisão de escolas[25].

Weisstein criticou a concepção estreita dos representantes ortodoxos da escola francesa, mas questionou os excessos das versões mais liberais da escola norte-americana. Combateu o historicismo tradicional, mas defendeu a necessidade de inter-relacionar a obra ao contexto histórico-cultural e a interdisciplinaridade, aliada a um rigor bastante acentuado[26].

Jost, da Universidade de Illinois, defendeu, em primeira instância, o texto literário em relação ao contexto do qual fazia parte e retomou a noção de uma comunidade literária internacional que transcendesse qualquer fronteira lingüística ou nacional, mas rejeitou distinções rígidas entre estudos críticos e comparatistas. Reconheceu a necessidade da interdisciplinaridade com relação às demais formas de atividade artística e aos outros campos do saber e de uma metodologia científica para que não se incorresse num simples sistema de trocas bilaterais. Ele tinha bem definida a idéia da literatura comparada como um "relato" articulado, histórico e crítico do fenômeno literário visto como um todo[27].

No mundo eslavo, os estudos de literatura comparada já existiam desde o século XIX. A disciplina começou a ser lecionada em São Petersburgo, em 1870, por Alexander Veselovski, considerado um dos seus fundadores e especialista em temas folclóricos. Esses estudos eram de ordem sociológica e seu princípio básico era a compreensão da literatura como produto da sociedade. Os estudiosos russos preocupavam-se em distinguir entre analogias tipológicas e importações culturais (outra forma de designar as influências). Mais tarde, os trabalhos de Vladimir Propp com os contos populares vão levar em conta o estudo popular e questionar a perspectiva erudita.

Victor Zhirmunsky é o porta-voz dos comparatistas soviéticos. Ele participou do movimento formalista, baseado no simbolismo e na análise de estilo e gêneros, por volta de 1917, juntamente com Victor Shklovsky, Roman Jakobson, Boris Eichenbaum e Yuri Tynianov. Zhirmunsky é introdutor da concepção sistêmica de origem formalista. Ele acreditava que o estudo comparativo de tendências comuns na evolução literária conduzia à compreensão de algumas leis gerais do desenvolvimento literário e também a uma melhor compreensão das peculiaridades históricas e nacionais de cada literatura individual, mas, como os demais comparatistas eslavos, ele demonstra grande preocupação com o elemento social e com o estudo das formas de expressão popular[28].

Destaca-se também, entre os eslavos, o tcheco Dionys Durisin, herdeiro do estruturalismo de Praga.

Outros comparatistas e suas contribuições

Outros estudiosos comparatistas sobressaem-se por criticar a marca etnocêntrica da disciplina, por questionar o historicismo de que, até então, era revestida a disciplina ou por alertar sobre a necessidade de se refazer a história literária com base na recepção dos textos. Benedetto Croce, Robert Escarpit, Cláudio Guillén, René Etiemble, Jan Brandt Corstius e S. S. Prawer são alguns dos comparatistas merecedores de destaque por sua atuação.

É impossível não mencionar Benedetto Croce, crítico literário, filósofo e historiador italiano bastante polêmico, questionador da prática da literatura comparada, sobretudo no que diz respeito aos estudos de folclore, de fontes e de influências. Croce critica o simples reconhecimento da literatura comparada apenas por seu método de pesquisa comparativo, já que esse método é comum a todas as espécies de estudo e investe contra o comparatismo histórico de cunho meramente erudito. Ele acredita no estudo da obra e seus antecedentes e nas suas relações com a história política e das artes. Ao questionar a prática da literatura comparada, Croce não só faz enxergar a inutilidade de um estudo de simples erudição como também abre o leque de reflexões da disciplina. Acrescentando-se a isso as reflexões de outros estudiosos, a disciplina assume novos contornos. Entra em cena o leitor, o gosto e sua recepção aos textos através da abordagem sociológica do professor da Universidade de Bordeaux, Robert Escarpit[29], na década de 1960. Ele deu um novo ímpeto aos estudos de literatura comparada por meio da ênfase que passou a dar à figura do público leitor. Para o estudo do consumo literário, distribuição, circulação do livro, leitura e mesmo do interesse dos leitores, urgia a necessidade de um trabalho coletivo atrelado a um conjunto de métodos adequados, cujo significado maior seria refazer a história literária diferentemente da perspectiva histórica que se apresentava até aquele momento. Desse modo, acrescenta aos estudos da disciplina a perspectiva sociológica como "ciência auxiliar" da história literária, projetando, dessa forma, os estudos comparativos para além das fronteiras literárias.

Cláudio Guillén[30], uma das vozes periféricas mais representativas do comparatismo, reavalia a noção de "influências" numa perspectiva estética, estendendo o campo de investigações comparatistas às obras de diferentes procedências.

René Etiemble[31], professor da Sorbonne, sucessor de Carré, introduz uma concepção mais aberta para a disciplina literatura comparada de cunho "descentralizadora" na valorização das especificidades de cada povo, cultura e literatura, sem excessos nacionalistas. Ele critica o etnocentrismo do comparatismo tradicional e chama a atenção para outras literaturas. Além disso, defende a combinação de dois métodos considerados tradicionalmente incompatíveis, o da investigação histórica e o da reflexão crítica.

Por isso tudo, os estudos comparados começam a dar mais atenção, a ouvir, valorizar ou buscar valores em outras vozes, como a da literatura infanto-juvenil. É certo que uma confluência de valores favorece esse tipo de reflexão: são as transformações por que passa o mundo e, com isso, a mudança na forma de captar e expressá-las. Como a literatura infanto-juvenil representa claramente uma das formas de pensar esse mundo, o estudo comparativo vai buscar nessa nova forma os valores culturais que tematizam esse pensar. E, ao realizar esse movimento de exame e reflexão comparativa, acentua valores culturais que propiciam a confirmação de valores literários nessa literatura.

Jan Brandt Corstius[32] defende com veemência o caráter internacional da disciplina. Para ele, somente por meio da abordagem de objetos de pesquisa literária por uma ótica internacional a disciplina contribui para o conhecimento da literatura. A contribuição do professor S. S. Prawer[33] está em preencher um vazio existente nos estudos comparativos na Inglaterra desde Posnett. Seu livro *Comparative literary studies: an introduction*, publicado em 1973, é o primeiro estudo científico sobre a referida disciplina.

Todas essas contribuições refletem algumas das tendências que se tornarão pontos-chave de discussão e aceitação por parte dos estudiosos e trarão à baila a inserção do estudo de discursos considerados não canônicos, como é o caso da literatura infanto-juvenil.

Comparatismo nos anos 1990

No século XX, a idéia do mundo como uma grande aldeia global compartilhada por todos os indivíduos sugere a expressão "integração cultural" como elucidativa para a compreensão do papel desempenhado pela disciplina literatura comparada. Confinada, de início, a um certo nacionalismo, academicismo e análises estritamente literárias, a disciplina acabou por desembocar na multifacetada cultura mundial. Tinha razão Louis Paul Betz quando dizia que "a história da literatura comparada corrige a unilateralidade individual e nacional, o perigoso inimigo da civilização moderna"[34].

Atualmente, trabalhos diversificados e interessantes, de estudiosos pós-estruturalistas, comprovam a complexidade do estudo comparatista. É a procura do entendimento do outro, da alteridade que se faz presente. Trata-se da voz concedida às minorias sexuais, étnicas e de gênero. São estudos de ordem, mais especificamente, cultural, e que representam uma ampliação no horizonte comparatista na atualidade.

Homi K. Bhabha, por exemplo, professor de teoria literária na Universidade de Sussex, trata da questão do outro, da análise da subjetivização do discurso estereotípico em seus escritos[35]. Edward Said, professor de literatura comparada, por sua vez, analisa o problema do etnocentrismo, a relação entre poder e conhecimento, o papel do intelectual, e discute o desenvolvimento do historicismo tradicional com as práticas atuais do imperialismo cultural e econômico, entre outras questões. Suas publicações direcionadas à área são *Orientalism*, de 1978, *The question of Palestin*, de 1980, e *Culture and imperialism*, de 1993. Além deles, cite-se como exemplo também interessante Henry Louis Gates, professor de literatura comparada que publicou em 1984 *Black literature and literary theory*. É importante assinalar também a presença marcante da filósofa Julia Kristeva, que trouxe grande contribuição para a área com sua noção de intertextualidade, aprofundada de Mikhail Bakhtin, de que todo texto se constitui como um mosaico de citações e absorção e transformação de outro texto[36].

A vitalidade da disciplina literatura comparada está no estudo das relações intra e interculturais. A presença da disciplina em diversos países já é reconhecidamente manifesta, mas seu grau de institucionalização continua relacionado ao ensino sistemático, à publicação de revistas especializadas e ao seu reconhecimento como campo de pesquisa.

Nos anos 1990, a disciplina literatura comparada continua a ser discutida, dinamicamente, por seus teóricos integrados nas Associações Nacionais, criadas para favorecer os intercâmbios de experiências, as discussões dos problemas teóricos e a difusão do conhecimento.

Nos Estados Unidos, a prática interdisciplinar proposta por Harry Levin e as perspectivas idealizadas por Henry Remak, nos anos1960, 1970 e 1980, ampliaram as fronteiras da disciplina. Sua relação com outras áreas do conhecimento, como as artes de modo geral, a antropologia, o estruturalismo, a semiótica, a desconstrução literária e interrogações filosóficas e antropológicas novas e antigas de textos literários, e da vida cultural acabaram por fragmentar a disciplina em ramificações distintas, distanciando-a da literatura como objeto central e primeiro de investigação.

Nos anos 1980, os comparatistas norte-americanos chegaram a desejar retirar o rótulo de literatura comparada em favor de um rótulo mais aberto, chamado "estudos culturais" ou, mais neutro, "teoria" (de qualquer forma, o termo "estudos culturais" adquiriu a maior importância). E, desde essa época, os estudos deixam de ter como foco principal os textos considerados canônicos.

Na França, os anos 1990 significam uma nova etapa na reflexão teórica e metodológica sobre a disciplina. A consolidação da disciplina é demonstrável por meio do ensino (literatura comparada é disciplina obrigatória no curso de letras modernas e facultativa nas demais formações), da regularidade dos congressos comparatistas, das publicações especializadas, do grande número de defesa de teses e de orientações comparatistas e dos manuais que oferecem a visão de conjunto da disciplina.

Em 1989, é publicado o livro *La littérature comparée*, redigido por Yves Chevrel. No mesmo ano, Pierre Brunel e Yves Chevrel dirigem a publicação de um *Précis de littérature de littérature comparée*, que reúne 12 ensaios originais, redigidos por universitários franceses. E, em 1994, Daniel-Henri Pageaux publica *La littérature générale et comparée*, mais um manual.

Ainda hoje, cerca de quatro grandes categorias de trabalhos atestam a persistência entre os comparatistas franceses de uma forte tradição que fundamenta os estudos literários sobre uma base histórica sólida: estudos binários, onde duas obras e/ou dois autores são confrontados, estudos de recepção, de desenvolvimento considerável, estudos de imagologia e estudos das relações literárias internacionais.

No Brasil, a postura tradicional de crítica comparatista, dominante até a institucionalização da disciplina nos cursos de graduação e pós-graduação, estabelecia primeiramente a comparação entre duas culturas, duas literaturas ou dois autores.

Na Universidade de São Paulo, a disciplina é introduzida em 1962 por Antonio Candido. Mas, desde as décadas de 1940 e 1950, a literatura comparada é atividade crítica no Brasil. Como representantes da disciplina, tivemos os estudiosos Eugenio Gomes, Augusto Meyer e Otto Maria Carpeaux.

É na década de 1970 que os estudos comparatistas recebem um impulso decisivo, não só em virtude da aludida institucionalização da disciplina, mas também da necessidade de se repensar o objeto literário devido às contribuições teóricas da semiologia de linha estruturalista que vigorava no momento. Figuras de influência foram Bakhtin e Kristeva.

Em 1986, por ocasião do 1º Seminário Latino-Americano de Literatura Comparada, se deu a criação da Associação Brasileira de Literatura Comparada, para atender à necessidade de dialogar com outras culturas a respeito da produção e recepção da literatura no continente. Os anais dos congressos dessa associação têm sido publicados desde então, e, em 1991, houve a criação da *Revista Brasileira de Literatura Comparada*.

REFLEXÕES SOBRE CÂNONE, LITERARIEDADE E ESTUDOS CULTURAIS

No percurso de análise e reflexão sobre o desenvolvimento da literatura comparada, ao longo dos séculos e através das diferentes culturas, percebe-se que o papel da disciplina, originariamente erudito e acadêmico, transforma-se, juntamente com as mudanças de visão da humanidade, num matiz mais cultural e menos estritamente literário.

A literatura também passou por mudanças consideráveis. Historicamente, observa-se que, até o século XVIII, a literatura abrangia os mais variados tipos de escritos e somente no século XIX, com a especialização dos diversos campos do conhecimento, começaria a restringir-se, adotando o significado de "uso particular da linguagem", idéia que se clarifica com os formalistas russos, que dominaram no início do século XX, mais precisamente na década de 1920. Entre os estudiosos russos Vítor Sklovski, Osip Brik, Yuri Tynyanov, Boris Eichenbaum e Boris Tomashevski, destaca-se, sobretudo, Roman Jakobson, que definiu ser a "literariedade"[37] o objeto da ciência literária, ou seja, segundo suas próprias palavras, uma "violência organizada contra a fala comum"[38], ou seja, uma organização particular e peculiar da linguagem.

É compreensível, portanto, que os grandes exercícios de erudição dos comparatistas dessem lugar, inicialmente, a uma análise mais centrada no texto, na sua estrutura formal e geradora de sentido e na observância da categoria "literariedade" como marca fundamental do literário, até que o modo de ver desconstrucionista passou a questionar a natureza da escrita e a desvelar a ideologia presente. Entre os teóricos dessa fase, que prestaram valiosa contribuição à disciplina estão o filósofo Jacques Derrida, a filósofa e crítica feminista Julia Kristeva, o historiador Michel Foucault e o psicanalista Jacques Lacan.

Nas décadas de 1960 e 1970, destaca-se também a contribuição dos estudos do historiador e teórico da literatura Raymond Williams[39]. De seus estudos, faz parte a análise de processos institucionais, tecnológicos e materiais de produção do simbólico, além do exame de algumas noções estigmatizadas como os sujeitos, a história, a experiência.

Com esses estudiosos, a palavra cultura que, tradicionalmente, era entendida como produção criativa e processo de treinamento e aprendizagem humanos, segundo a professora Maria Stella M. Bresciani, em texto sobre o assunto:

> [...] [cultura] passa a designar, primeiro, um estado geral ou costumes mentais em estreita relação com os estágios do desenvolvimento intelectual de uma dada sociedade, para logo depois recobrir o conjunto das artes e, finalmente, vir a significar toda uma forma de vida material, intelectual e espiritual, onde se encontram propostas de mudanças e resistência a essas propostas, e mais, as alterações efetivamente produzidas. Em outros termos, abarca uma ampla gama de conteúdos que compõem o registro da experiência humana moderna[40].

Torna-se claro, com isso, que as transformações culturais e artísticas por que passa o mundo requerem novas modalidades de compreensão e análise por parte da literatura comparada.

As mudanças no âmbito da literatura e no modo de vê-la apontam para a ascendência dos estudos sobre a produção cultural, o que significa, em primeira instância, uma modificação nos parâmetros utilizados até agora para a classificação do que é, ou não, literatura, e faz, ou não, parte do cânone. Talvez, por isso, Terry Eagleton tenha procurado demonstrar, em seu livro *Teoria da literatura*, que a "literatura" não é uma categoria estável, objetiva, permanente e desvinculada da ideologia presente nos diversos contextos sociais existentes até agora. Ele prova, por meio de uma argumentação precisa e bem exemplificada, que o homem arraigado ao tempo, às diversas épocas de que participa, é fruto do pensamento e ideologia presentes, e não só a sua representação da realidade é diversa e adequada à referida época como também muda sua definição de literatura. Essa oscilação de gosto, objetivo e objeto de estudo dificulta, portanto, qualquer caracterização permanente daquilo que é literatura[41]. Segundo ele, os juízos de valor são variáveis, portanto, ela não constitui uma entidade estável. O conceito sobre o tipo de escrita considerado digno de valor varia com o tempo. "Valor" é um termo transitivo: significa tudo aquilo que é considerado valioso por certas pessoas em situações específicas, de acordo com critérios específicos e à luz de determinados objetivos[42].

Em seguida, Eagleton acrescenta:

> Portanto, o que descobrimos até agora não é apenas que a literatura não existe da mesma maneira que os insetos, e que os juízos de valor que a constituem são historicamente variáveis, mas que esses juízos têm, eles próprios, uma estreita relação com as ideologias sociais [...][43].

Em outras palavras, atualmente a literatura é vista como categoria instável, subjetiva, temporária e intrinsecamente ligada às tendências sociais e culturais de cada época, o que implica modificação profunda nos parâmetros para a determinação do que é literário ou não.

O que não se pode esquecer são os diversos momentos em que isso já vinha sendo alardeado pelos estudiosos. O primeiro momento revolucionário contra o que é considerado clássico aparece na "querela entre os antigos e modernos" iniciada no século XVII, cujo significado crítico e aberto a outras possibilidades literárias, ao reconhecimento da existência de gostos e de sua relatividade era diferente dos modelos clássicos inquestionáveis até aquele momento.

Cem anos depois, em 1728, Voltaire mantém a idéia da diferença de gosto ao reconhecer a mudança nas obras dos homens de acordo com a imaginação que as produz. Sabedor de que os costumes, as línguas e o gosto dos povos mais vizinhos diferem, reconhece a transformação por que passa uma nação ao fim de três ou quatro séculos.

Observe-se que é inegável também a contribuição do Romantismo e seu subjetivismo para a relativização do gosto e do sentido do belo na literatura.

Mais tarde, em 1921, na introdução do primeiro número da *Revue de Littérature Comparée*, Baldensperger assinala algumas dificuldades dos estudos literários e sugere a ampliação desses estudos com a inclusão de escritores "secundários", o que significa "prestar atenção aos autores secundários e às antigas ondas do gosto literário"[44].

Acrescem-se a isso a influência do pensamento de Julia Kristeva e sua concepção sobre intertextualidade que também contribui para a mudança nos parâmetros observáveis até então pelos críticos, já que promove, resgata e valoriza a noção de cópia em relação ao modelo. Seguindo os passos de Kristeva, a "intertextualidade" significa a quebra da hierarquia do discurso e do descentramento do lugar tradicionalmente reservado ao original. No estudo comparativo de fontes e influências, procurava-se saber quem influenciava quem, mas, agora, o caráter fechado do discurso literário e os critérios restritivos de literariedade são abandonados em prol da ampliação do conceito de texto.

Todos esses exemplos representam não só certa tendência de insubordinação à ideologia dominante, como também refletem o grau de insatisfação pessoal com referência ao gosto e às mudanças sociais. Trata-se de um processo dinâmico que envolve tanto os movimentos culturais como as transformações sociais, o produto do pensamento dos homens e seus conceitos. Com tudo isso, pode-se concluir que a categoria *literariedade* deixa de subsidiar a crítica, já que os estudos culturais dizem que tudo é discurso.

Mas, como sempre, há pelo menos duas formas contrárias de se enxergar o mesmo objeto analisado. Harold Bloom, por exemplo, em seu livro *O cânone ocidental*, relaciona o cânone à "gramática de expectativas institucionalizadas" e diz que ele pode funcionar como "memórias seletivas da tradição ou ideais" e ser definido como "construções estratégicas através das quais as comunidades mantêm seu próprio interesse"[45].

Já Beatriz Sarlo, em *Paisagens imaginárias*, apresenta um pensamento bastante diverso sobre a posição do cânone e revela:

> *Aquilo que chamamos de academia (esse aparato que atribui legitimidade e prestígio aos saberes) é hábil na tecnologia da reprodutibilidade: generaliza tudo o que toca. Poderíamos dizer também que a academia é igualadora porque, para estar nela, quase todo mundo faz a mesma coisa, seguindo as mesmas tendências de um mercado simbólico especializado cujas dimensões são, pelo menos, as do Ocidente*[46].

O equilíbrio está em compreender, como fez Terry Eagleton, que a literatura não é algo estável e objetivo.

Seria ingênuo acreditar no estabelecimento de um cânone literário que não levasse em conta as diferentes classes sociais, a instrução diferenciada, o fator "leitura" preponderantemente relacionado às elites culturais e dominantes. O público leitor, por exemplo, sua linguagem e seu comportamento diferem dos de outras épocas. Por outro lado, sabemos que originalidade, estranheza, harmonia estética e tradição literária são valores pertinentes à idealização de obras consideradas consagradas, portanto, uma construção arbitrária, política e ideológica, que estabelece conceitos imutáveis. O primeiro problema aparece exatamente aqui, o da imutabilidade. E a crítica toma consciência dessa construção arbitrária e abre-se para outras possibilidades.

Todo momento histórico apresenta um conjunto de normas que orienta, caracteriza e regula suas manifestações culturais. São as chamadas normas estéticas relacionadas ao preceito do gosto. Mas tudo é muito relativo. Uma dada obra apreciada numa determinada classe social não desperta necessariamente o mesmo interesse em outra e, além disso, dentro de uma mesma classe, as diferenças de idade, sexo e profissão determinam variados interesses e juízos sobre uma mesma obra. Tudo isso demonstra que cada grupo social provavelmente tem seu cânone estético.

Reconhecendo que a alteração de foco provocada pelo processo civilizatório, ao lado do desenvolvimento cultural, somado ao crescimento industrial e tecnológico, tem se traduzido na literatura de forma radical e questionadora, a pergunta que se faz é: "Quais são as tendências atuais da literatura?", pois o que se observa é uma imensa variedade de textos que longe estão de serem considerados "canônicos", mas que alcançam, junto ao público, um sucesso imenso, indicador de que o gosto também está sofrendo transformações.

A reflexão sobre essas novas tendências nos textos infanto-juvenis, alicerçada pelo gosto do público leitor e acompanhada de uma análise literária criteriosa, pode demonstrar o básico e trivial que está em questão – que o elemento literariedade não prescinde necessariamente a toda produção artística, mas indubitavelmente ainda é marca do que é bom em literatura infanto-juvenil brasileira. A visão da literatura universal destinada ao público infantil e juvenil vai exatamente configurar os rumos dessa literatura e sua carga literária presente. Inicialmente identificam-se algumas temáticas e diretrizes que durante séculos permearam a literatura infantil e juvenil para se observar sua realização no presente.

Notas do capítulo

[1] EAGLETON, Terry. *Teoria da literatura: uma introdução*. Trad. Waltensir Dutra. São Paulo: Martins Fontes, 1983, p. 1.

[2] Idem, ibidem, p. 1.

[3] Idem, ibidem, p. 20.

[4] COUTINHO, Afrânio (dir.). *A literatura no Brasil*. 5ª ed., 6 v. Rio de Janeiro: Global, 1971, v. 3, p. 5.

[5] GARCÍA MORENTE, Manuel. *Fundamentos de filosofia: lições preliminares*. Trad. e prólogo de Guilhermo de La Cruz Coronado. São Paulo: Mestre Jou, 1930, p. 85.

[6] COUTINHO, Eduardo de F. & CARVALHAL, Tânia F., (orgs.). *Literatura comparada*. Rio de Janeiro: Rocco, 1994, p. 27.

[7] BERMAN, Marshall. *Tudo o que é sólido desmancha no ar*. Trad. Carlos Felipe Moisés e Ana Maria Ioriatti. 10ª reimpressão. São Paulo: Companhia das Letras, 1986, p. 16.

[8] TEXTE, Joseph. "Os estudos de literatura comparada no estrangeiro e na França". In: COUTINHO, Eduardo de F. & CARVALHAL, Tânia F., op. cit, p. 29.

[9] POSNETT, Hutcheson Macaulay. "O método comparativo e a literatura". In: COUTINHO, Eduardo de F. & CARVALHAL, Tânia F., op. cit., p. 16.

[10] Perrault assinou os contos em nome de seu filho que, na época, tinha dez anos (1697). Os contos foram publicados com os seguintes títulos: *Histórias ou contos do tempo passado* e *Contos de Mamãe Ganso*.

[11] BETZ, Louis Paul. "Observações críticas a respeito da natureza, função e significado da história da literatura comparada". In: COUTINHO, Eduardo de F. & CARVALHAL, Tânia F., op. cit., p. 49.

[12] WELLEK, René. "O nome e a natureza da literatura comparada". In: COUTINHO, Eduardo de F. & CARVALHAL, Tânia F., op. cit., p. 121.

[13] POSNETT, Hutcheson Macaulay. *Comparative literature*. Nova York: Appleton, 1886.

[14] TEXTE, Joseph, op. cit., p. 26.

[15] WELLEK, René. "The crisis of comparative literature". In: FRIEDERICH, Werner, (ed.). *Comparative literature: Proceedings of the Second Congress of the ICLA*. 2 v. Chapel Hill: University of North Carolina Press, 1959, v. 1, pp. 149-60. Republicado in WELLEK, René. *Concepts of criticism*. New Haven: Yale University Press, 1963, pp. 282-95.

[16] COUTINHO, Eduardo de F. & CARVALHAL, Tânia F., op. cit., p. 129.

[17] GUYARD, Marius François. *La littérature comparée*. Paris: PUF, 1951.

[18] GUYARD, Marius François. In: COUTINHO, Eduardo de F. & CARVALHAL, Tânia F., op. cit., p. 28.

[19] JOST, François. "A philosophy of letters". In: *Introduction to comparative literature*. Nova York: Bobbs Merril, 1974, pp. 21-30.

[20] O termo em alemão *"Stoffgeschichte"* significa o exame das múltiplas transformações e atualizações de um assunto em várias obras de diferentes autores, ao longo de um determinado período de tempo, opondo-se à pesquisa das fontes, até então praticada no âmbito da literatura comparada.

[21] REMAK, Henry H. H. "Comparative literature, its definition and function". In: STALKNECHT, N. & FRENZ, H. (eds.). *Comparative literature: method and perspective*. Carbondale: Southern Illinois University Press, 1961, pp. 3-19.

[22] JEUNE, Simon. *Littérature genérale et littérature comparée*. Paris: Lettres Modernes, 1968.

[23] ALDRIDGE, A. Owen. "The purpose and perspectives of comparative literature & The concept of influence. In: ALDRIDGE, A. Owen. (ed.). *Comparative literature: matter and method*. Urbana: University of Illinois Press, 1969, pp. 1-6.

[24] FRIEDERICH, Werner. *The challenge of comparative literature and other addresses*. Chapel Hill: University of North Carolina Press, 1970, pp. 36-50. Conferência proferida na Sessão Plenária do Australasian Language and Literature Congress, em Melbourne, Austrália, em agosto de 1964.

[25] LEVIN, Harry. "Comparing the literature". In: LEVIN, Harry. *Grounds of comparison*. Cambridge, Mass.: Harvard University Press, 1972, pp. 75-90. Discurso do presidente no 3º Encontro da Associação Americana de Literatura Comparada, realizado na Universidade de Indiana, em 19 de abril de 1968. Publicado pela primeira vez no *Comparative Yearbook* (Bloomington, 1969).

[26] WEISSTEIN, Ulrich. "Definition". In:WEISSTEIN, Ulrich. *Comparative literature and literary theory: survey and introduction*. Bloomington: Indiana University Press, 1973, pp. 3-28.

[27] JOST, François, op. cit., pp. 21-30.

[28] ZHIRMUNSKY, Victor. "On the study of comparative literature". Oxford Slavonic Papers, 13 (1967), pp. 1-13. Conferência pronunciada na Taylor Institution, em Oxford, a 29 de abril de 1966. O acadêmico Zhirmunsky recebeu, no dia seguinte, o título de doutor honoris causa em Letras, no Teatro Sheldonian.

[29] ESCARPIT, Robert. "Les methods de la sociologie littéraire". In: FRIEDERICH, Werner. (ed.). *Comparative literature...*, op. cit., pp.142-9.

[30] GUILLÉN, Cláudio. "The aesthetics of influence studies in comparative literature". In: FRIEDERICH, Werner (ed.). *Comparative literature...*, op. cit., pp.175-92.

[31] ETIEMBLE, René. *Crise de la littérature comparée? Comparaison n'est pas raison*. Paris: Gallimard, 1963, pp. 9-23.

[32] CORSTIUS, Jan Brandt. "Toward the comparative study of literature". In: CORSTIUS, Jan Brandt. *Introduction to the comparative study of literature*. Nova York: Random House, 1968, pp. 3-19.

[33] PRAWER, S. S. "What is comparative literature?" In: PRAWER, S. S. *Comparative literary studies: an introduction*. Londres: Duckworth, 1973, pp. 1-12.

[34] COUTINHO, Eduardo de F. & CARVALHAL, Tânia F., op. cit., p. 59.

[35] BHABHA, Homi K. "The other question: difference, discrimination and the discourse of colonialism" In: BHABHA, Homi K. *Literature, politics and theory*. Londres: Methuen, 1985.

[36] CUDDON, J. A. *Dictionary of literary terms and literary theory*. New edition. Oxford: Blackwell, 1988.

[37] CUDDON, J. A., op. cit., "Apresentação".

[38] EAGLETON, Terry, op. cit, p. 2.

[39] Dentre algumas obras de WILLIAMS, Raymond, encontramos: *Culture and society* (1958), *The long revolution* (1961) e *Keywords* (1976).

[40] PAIVA, Márcia de & MOREIRA, Maria Éster (orgs.). *Cultura, substantivo plural*. Rio de Janeiro: Centro Cultural Banco do Brasil; São Paulo: Ed. 34, 1996, p. 38.

[41] EAGLETON, Terry, op. cit.

[42] Idem, ibidem, p. 12.

[43] Idem, ibidem, p. 17.

[44] COUTINHO, Eduardo de F. & CARVALHAL, Tânia F., op. cit.
[45] BLOOM, Harold. *O cânone ocidental*. Trad. Marcos Santarrita. Rio de Janeiro: Objetiva, 2000.
[46] SARLO, Beatriz. *Paisagens imaginárias: intelectuais, arte e meios de comunicação*. Trad. Rubia Prates e Sergio Molina. São Paulo: Edusp, 1997, p. 97.

2

PANORAMA E PERCURSO
DA LITERATURA BRASILEIRA
DESTINADA A CRIANÇAS E JOVENS

NOTAS INTRODUTÓRIAS, CONCEITUAÇÃO E PROBLEMAS

O capítulo anterior apresenta um assunto bastante instigante: a consolidação da disciplina literatura comparada, o caminho de reflexão empreendido pelos comparatistas e a abertura da disciplina para uma variada gama de estudos, entre eles, o estudo da literatura infanto-juvenil.

Este capítulo também aborda um tema que tem provocado indagações por parte de teóricos e críticos, porque embora a literatura dirigida a crianças e jovens represente a expressão da cultura de um povo e reflita suas tradições e aspirações, acrescenta-se ao seu veio natural e popular a necessidade de educar e informar. Dessa forma, o cunho pedagógico a tornou durante muito tempo pragmática e funcional.

A literatura infanto-juvenil é a primeira forma escrita de contato da criança e do jovem com as tradições culturais e literárias de seu povo. Ao mesmo tempo que promove recreação, também cultiva valores necessários à vida em sociedade e favorece o raciocínio e a inteligência da criança e do jovem. Ela pode significar também uma evasão, se os elementos da fantasia e da imaginação estiverem presentes. Sua função primeira é despertar, na criança e no jovem, o gosto pela leitura e permitir-lhes um contato com a realidade que os cerca. Seja prosa de ficção, poesia ou teatro, suas histórias abrangem aventuras sublimes, trágicas, pitorescas, patéticas, de mistério, de ficção científica etc.

Surgimento, difusão e ascensão são três elementos presentes na análise crítica do percurso literário da literatura infanto-juvenil.

O aparecimento dessa literatura está ligado a quatro fatores que, embora tenham contribuído para sua difusão, dificultaram sua valorização como gênero: o advento da burguesia, o reconhecimento da infância como uma fase importante, a necessidade de orientar esse ser em formação – a criança e o jovem – e a criação de escolas.

Suas raízes estão na tradição oral que se espalhou pela Europa, sofrendo, em cada região, influências locais para uma melhor adequação. Na Idade Média acontece a difusão das narrativas tradicionais, por meio de sua coleta e impressão. Com a invenção da imprensa, no século XV, ampliam-se a oferta de leitura e o número de leitores. A ideologia presente no século XVI apenas conforma as histórias publicadas à concepção burguesa da sociedade européia da época. No século XVII, destaca-se Charles Perrault, com a publicação de contos baseados nas histórias populares de encantamentos e metamorfoses. No século XVIII, com a burguesia em ascendência, ocorre a projeção dessa literatura denominada infanto-juvenil.

Com o absolutismo, o conceito de família, que antes se centrava em amplas relações de parentesco, modifica-se e a infância passa a ser considerada. Passa a existir uma preocupação com as emoções[1], com o crescimento espiritual e moral, bem como com o desenvolvimento intelectual da criança e do jovem. O direcionamento dessa literatura e suas possibilidades didático-pedagógicas passam, portanto, a ser apreciados. É exatamente nessa época que os contos de fadas, inicialmente destinados a adultos, fazem sucesso entre as crianças e que os modelos desejáveis pelo poder e o sistema – no caso, a burguesia – são facilmente encontráveis nesses contos. Nesse momento histórico, a literatura serve à escola. A estreita vinculação dessa literatura com a instituição escolar, desde o seu nascimento, em todos os países do Ocidente, corrobora para seu caráter "autoritário, moralista e pedagógico". Por isso, durante um certo tempo, essa literatura foi denominada literatura escolar.

Tudo isso gera um problema maior: por ser uma literatura pensada por adultos, mas dirigida a crianças e jovens, seu caráter utilitário sempre esteve presente, o que muitas vezes induziu à depreciação desse tipo de escrita. O emissor torna-se dono de uma verdade, enquanto o destinatário é um receptor passivo, inferiorizado, e, como conseqüência, o fator estético fica reduzido a segundo plano[2]. Na verdade, a especificidade do gênero está no direcionamento e/ou na didática daquele que encaminha a leitura e, por causa disso, a literatura torna-se uma escrita funcional.

Mas, conforme Cecília Meireles deixa transparecer em seu livro *Problemas da literatura infantil* (1951), a característica básica de textos que fizeram sucesso entre as crianças é a apresentação do elemento estético. Essa também é a exigência dos críticos literários sobre qualquer literatura, seja destinada a adultos ou crianças. Cecília Meireles afirma haver quatro casos na literatura infantil. O primeiro caso relaciona-se ao fol-

Cecília Meireles

clore, suas tradições orais e a redação escrita dessas tradições. Como exemplo, cita a coleção dos Contos de Grimm, Perrault, Mme. D'Aulnoy, fábulas, contos de La Fontaine etc. Faz parte do segundo caso obras que foram intencionalmente voltadas para uma determinada criança e, logo depois, tiveram uma aceitação geral, como aconteceu com as *Fábulas*, de La Fontaine, *As aventuras de Telêmaco*, de Fénelon e outros mais. No terceiro caso encontram-se os livros dirigidos intencionalmente a adultos, mas que fizeram sucesso junto ao público infantil. É o caso de *As aventuras de Robinson Crusoé*, de Daniel Deföe, e outras grandes obras da literatura universal. E há, ainda, o quarto caso: o de livros escritos especialmente para crianças e que tiveram sucesso[3].

A verdade é que, nos quatro casos apontados por ela, a qualidade literária é fator de primeira ordem, não importando a quem se destine inicialmente o texto. Isso significa que, do ponto de vista estético, não existem diferenças entre a obra literária destinada a adultos e aquela escrita para crianças, conforme afirma Laura Sandroni em *De Lobato a Bojunga: reinações renovadas*[4].

Cecília Meireles já aborda essa questão desde 1951. Trinta e sete anos depois, a estudiosa Laura Sandroni discute e explicita o mesmo problema por meio do estudo da obra da escritora Lygia Bojunga.

Italo Calvino, escritor italiano, é mais explícito ao discutir o aspecto da literariedade, segundo ele, marcadamente presente nos contos de fadas, fábulas e contos maravilhosos. Em *Seis propostas para o próximo milênio*, Calvino destaca os elementos "leveza", "rapidez", "exatidão", "visibilidade" e "multiplicidade" como valores literários. A referência primeira é sua própria obra em confronto com algumas outras obras marcantes e anteriores à ela. A imagem é a da escritura como uma rede tecida por vários fios que servirão para lhe dar textura, coloração, brilho etc. O equilíbrio das intenções e do manejo desses fios é que propiciará um texto com as qualidades ou os valores literários que ele enaltece. Ele valoriza o texto "leve", mas credita ao escritor a possibilidade de dar "peso" à escritura. Entra em pauta, portanto, a estratégia do escritor. Ao peso da realidade se sobrepõe a leveza da escritura. Do mesmo modo, a "rapidez" é importante, bem como a "vagarosidade". Assim também a "exatidão" ao lado da "imprecisão", a "visibilidade" ao lado da "racionalidade" e a "multiplicidade" ao lado da "unidade"[5]. Desse modo, tudo depende do tom que se deseja imprimir à obra, da escolha deste ou daquele valor para a correta harmonia estética da obra literária.

Já Leonardo Arroyo, escritor brasileiro e grande estudioso da produção literária para crianças e jovens, ao demonstrar que um texto antigo como as Fábulas de Esopo sempre despertará e manterá o interesse do leitor, afirma que o único critério válido em literatura infantil é o gosto do leitor: "Deixa-se bem claro o valor fundamental do gosto infantil como único critério de aferição da literatura infantil"[6].

É evidente que a tensão proveniente dessas duas correntes – a que estabelece o caráter literário como valor, marca daquilo que é literatura, e a que estabelece o gosto do leitor infantil e juvenil como critério do que é literatura – sempre existiu. Isso porque a literatura infanto-juvenil é proveniente de dois veios: um de origem popular e outro de origem erudita. A prosa narrativa "exemplar", proveniente dos contos e das fábulas moralizantes, derivada das antigas fontes orientais ou gregas, corresponde ao veio de origem popular, onde a oralidade se faz presente durante muito tempo, enquanto a "prosa aventuresca", que se refere inicialmente às novelas de cavalaria, de inspiração ocidental, corresponde à de origem erudita[7], onde começa a se impor o que denominamos de tradição literária.

Panorama geral da literatura infantil e juvenil

Fontes da literatura infanto-juvenil

As primeiras fontes da literatura infanto-juvenil encontram-se no Oriente com histórias primordiais, como *Calila e Dimna* (que contém as narrativas *Pantchatantra, Mahabharata*, e *Visschno Sarna*), *Hitopadexa, Sendebar*[8], *Ramayana, Barlaam e Josafat*[9] e *As mil e uma noites*[10], escritas em sânscrito e traduzidas, de modo geral, primeiramente para o persa, depois para o árabe e, em seguida, para o latim. Quem nos assegura isso é a professora Nelly Novaes Coelho:

> *Segundo a maioria dos orientalistas (T. Benfrey, Hue, de Sacy...) foi a versão árabe de* Calila e Dimna, *feita no século VIII da era cristã, que serviu de fonte para a tradução hebraica da qual procedem a latina e as demais em línguas vulgares, que surgem durante a Idade Média*[11].

Calila e Dimna (Dois chacais), por exemplo, a coletânea mais antiga dessas narrativas, deve ter saído da Índia pela primeira vez no século VI a.C., por meio de uma tradução persa. Essa obra reunia textos pertencentes ao *Pantchatantra* (um dos livros sagrados mais importantes da Antigüidade e do qual só restam fragmentos) e ao *Mahabarata* (longa epopéia primitiva indiana)[12].

Observa-se, desde cedo, o teor pedagógico ou moral contido nesses livros: *Hitopadexa*, por exemplo, significa "ensinamento proveitoso ou conselho salutar" e os contos e fábulas de *Calila e Dimna* nasceram como ensinamento da ciência política, ou melhor, da arte de governar.

Essas fontes, expressas no folclore, nos contos, nas fábulas, nos apólogos, nas histórias da carochinha, nas histórias de exemplo e nas lendas, foram transmitidas oralmente, durante séculos, de geração a geração, e compõem o quadro da tradição oral que serviu de fonte para a literatura infanto-juvenil. André Jolles denomina essas narrativas de "formas simples"[13], porque resultam de criação espontânea, não elaborada. São histórias populares, que vivem na boca do povo, como exemplo ou modelo de vida.

O mito está na base dessas narrativas, pois desde cedo encontra-se presente na vida do homem e advém de sua necessidade natural de conhecer, explicar e compreender o desconhecido ou de explicar a presença de forças, poderes ou mistérios superiores à sua natureza e poder pessoal. Na *Odisséia* e na *Ilíada*, de Homero, também encontramos histórias mitológicas da tradição oral. São os textos épicos os primeiros a celebrar grandes feitos míticos ou lendários de um herói ou de personagens ilustres que representam uma raça, uma nacionalidade. Sua estruturação se dá em dois planos, o histórico, em que se manifesta a dimensão real da matéria épica, e o maravilhoso, em que se manifesta a dimensão mítica da matéria épica. A interação entre ambos é de fundamental importância para a caracterização épica do herói e do relato, já que, por uma exigência épica, ambos devem ser projetados no maravilhoso. A narrativa épica, portanto, estrutura uma proposição de realidade histórica resultante da fusão do real e do mito.

Os contos populares também têm a ver com o mito porque, por meio deles, expressam-se simbolicamente os desejos, os temores e as tensões inconscientes do homem. Esses contos, que inicialmente foram orais, apresentam um somatório de elementos históricos, simbólicos, sociais e psicológicos, uma bonita e riquíssima linguagem, embora simples e objetiva, e ratificam todo o pensamento da época de sua compilação, bem como toda a ordem patriarcal vigente[14]. O valor didático dessas leituras lhes confere um ar de retidão, de que "quem com ferro fere com ferro será ferido", conclamando os indivíduos/leitores a absorver todas as qualidades essenciais ao ser humano, a viver com probidade aceitando seu próprio destino. Os valores tradicionais, como beleza, feiúra, pobreza e riqueza, são questionados ironicamente e mostrados às avessas, como a compensar o ideal imaginário do camponês, pobre, feio, faminto etc. Os contos populares são textos interessantes que permitem outras leituras, atestando que "quem conta um conto aumenta um ponto" e mostrando, com singularidade, a evolução do pensamento humano na sua forma de expressão. Fizeram muito sucesso e diversas foram as traduções e/ou adaptações feitas após a invenção da imprensa.

As fábulas também provêm da Antigüidade, do Oriente. Talvez seu registro se tenha dado a partir de Buda[15]. O vocábulo "fábula" é latino e pertence ao mesmo radical de falar (*fabulare*). Trata-se de pequena narração de acontecimentos fictícios, que lidam com a vida do homem e suas relações com o mundo, encerrando sempre grande filosofia e apresentando dupla finalidade: instruir e divertir. A moralidade presente nas fábulas emana do próprio texto, como a comprovar o exemplo dado como verossímil. As imagens apresentadas, os animais, seus atos e suas falas muito bem articuladas constituem o próprio quadro. Os animais não são escolhidos ao acaso; suas características são observadas e aproveitadas no texto, mas perdem sua natureza ao representar os vícios humanos. As fábulas inicialmente são uma crítica de caráter e de costumes, em que os animais retratam os vícios e as maldades do homem.

Esopo, um escravo que viveu no século VI a.C., foi o introdutor da fábula na Grécia, na tradição escrita. Muitas das fábulas que foram atribuídas a Esopo já haviam sido divulgadas no Egito, quase mil anos antes de sua época, e na Índia, onde houve inúmeros fabulistas. Algumas foram reproduzidas por autores modernos e pertencem ao fabulário hindu, como o *Panchatantra*, que alguns atribuem ao sábio Bildpai, o Esopo dos orientais.

Fedro, escravo liberto que viveu em Roma na era de Augusto, traduziu as fábulas de Esopo e foi o introdutor do gênero na literatura latina no século I a.C. Suas fábulas foram escritas em versos e apresentavam um acentuado cunho satírico.

O folclore tem papel importante na literatura infantil que recupera as histórias populares da tradição oral, aquelas que estão na memória do povo. Fazem parte do folclore contos, fábulas, exemplos, adivinhações, anedotas, casos, superstições e lendas. E é na Idade Média que ocorre a difusão dessas histórias.

Evolução e principais autores

O percurso da literatura infanto-juvenil é marcado pelas fábulas, contos maravilhosos e histórias de aventuras por meio de sua fonte principal: as narrativas orientais, como o *Pantchatantra* e o *Hitopadexa*.

As fábulas sempre obtiveram grande receptividade junto ao público. Sua temática, o disfarce e a moralidade que apresentam exercem uma forte atração sobre o público leitor. As fábulas funcionam como espelho, pois refletem uma realidade que deve ser observada pelo homem que deseja viver bem. Dessa forma, disfarçadamente, representa, em certas épocas, uma sátira à sociedade feudal.

Um pouco mais tarde, juntamente com as fábulas, os contos maravilhosos e suas histórias exemplares vão cumprir um duplo papel, o de moralizar e de suprir o sonho e a utopia de um povo pobre, faminto e sem esperanças. O governo e a Igreja concedem ao povo a certeza de que, vivendo em conformidade com as leis, sejam elas divinas ou não, serão mais felizes. Isso tudo é habilmente sugerido nessas histórias.

São muitos os autores que se dedicaram às fábulas em diversas épocas. Citaremos apenas alguns, pois são várias as traduções francesas e espanholas. As fábulas de Fedro começam a ficar conhecidas no século X. No século XII, na França, com a repercussão das fábulas, surgiram certas histórias de animais, narradas em verso e em língua "romance", que ficaram conhecidas como Isopets. Eram histórias que giravam em torno de uma personagem principal, a raposa, e suas peripécias contra o lobo. Numa primeira fase, eram relatos moralizantes, sendo depois adaptados para a escola. Cumpriam duas tarefas: divertiam e moralizavam. A conseqüência é o surgimento do ciclo denominado *Romance da Raposa*, que representou uma sátira à sociedade francesa.

No século XII, Pedro Alfonso publica cerca de 30 fábulas ou contos, retirados de *Calila e Dimna*, *Sendebar e Barlaam* e *Josafá*, sob o título de *Disciplina clericalis*.

Em seguida, no século XIII, Juan de Capua traduz fábulas latinas que se destinam tanto a crianças como a adultos, sob o título de *Libro de los ejemplos* e o *Libro de los gatos* (1251). O livro de Don Juan Manuel denominado *El libro del conde, o libro de los ejemplos del conde Lucanor y de Patronio* (1335), de cunho educativo, através de suas 52 histórias de temas populares e comuns a muitos povos com edificantes exemplos morais, marcou época.

No século XIV, o monge grego Planúdio, no livro *Vida de Esopo,* junta fábulas e apólogos. Em Portugal, fez-se a tradução das Fábulas de Esopo com o título *Livro de Esopo* ou *Esopete*, de autor desconhecido. Leite de Vasconcelos publica-o novamente, bem mais tarde, em 1906.

A primeira impressão das fábulas de Esopo se dá na Espanha por volta de 1489, traduzidas por Juan Hurus, impressor alemão em Zaragoza. O livro *Isopete historiado*, que o Infante dom Enrique de Aragon mandou traduzir, continha fábulas que, até então, eram conhecidas por meio de versões orais e se destinava tanto a adultos como a crianças, todo ilustrado com gravuras de madeira. A tradução de *Calila e Dimna* também foi impressa em Zaragoza por volta de 1493, com o título de *Ejemplario contra los engaños y peligros del mundo*.

Na Inglaterra, obras que eram destinadas a adultos serviam para as crianças devido a seu conteúdo pedagógico e moralizante. O primeiro editor inglês, William Caxton, publicou uma seleção de lendas gregas em 1474.

A literatura infantil, então, era utilizada apenas para fins pragmáticos e significava fonte de aprendizagem e de assimilação de valores morais necessários a crianças e jovens dos grupos privilegiados. De meados do século XVI até o século XVII, com a Contra-Reforma, a situação começa a se modificar. O ensino inicia a reorganização de seu sistema pedagógico para atender à adequada formação da criança e faz surgir uma literatura específica para esse grupo em idade escolar. De um lado observa-se a reverência aos textos clássicos gregos e latinos, cuja influência é inegável, apesar dos cortes para evitar seu conteúdo de mentalidade pagã ou reflexões e críticas por parte da criança e do jovem. De outro lado, juntamente com a difusão das fábulas, têm-se a propagação e a tradução dos contos maravilhosos.

Giovanni Francesco Straparola de Caravaggio reúne contos folclóricos em *Le XIII Piacevoli Notte* (1554), em Veneza, texto de grande difusão na Espanha e em Portugal. É nessa obra que o famoso personagem Gato de Botas dá sua entrada na literatura. Giambattista Basile escreveu

Lo Cunto de li conti [16] e introduziu as personagens dos contos de fadas, a Gata Borralheira, a Bela Adormecida no bosque, a Branca de Neve etc. Gonçalo Fernandes Trancoso, em Portugal, compilou as histórias da tradição popular portuguesa, influenciada pela árabe, e outras inspiradas nas obras de Caravaggio e Battista Basile, sob o título de *Contos e histórias de proveito e exemplo* (1575).

O humorismo é introduzido na literatura infantil por Giulio Cesare Della Croce, criador de uma personagem divertida chamada Bertoldo, que durante muito tempo divertiria as crianças com suas aventuras jocosas.

Mas é o século XVII que reserva grandes mudanças na literatura infanto-juvenil por meio dos escritores La Fontaine, Charles Perrault e Fénelon.

La Fontaine banha-se na tradição de Esopo e Fedro com a publicação de *As fábulas* (1668), tornando-se um grande fabulista. As fábulas, com o tempo, vão perdendo o tom folclórico e passam a acentuar o aspecto literário, tornando-se histórias de simples animais e conquistando definitivamente o gosto infantil. A La Fontaine seguem-se muitos outros, como Florian, Fénelon, Thierry, Lamotte, Arnault e tantos mais.

Charles Perrault, cujas fontes clássicas italianas são as narrativas de Boccaccio e de Giambattista Basile, com seu livrinho *Conti de conti,* inovou com os *Contes de ma Mère l'Oye* [*Contos da mamãe ganso*] (1697). No prefácio de suas histórias, Perrault deixa claro o intuito moral de que estas são revestidas e, embora ele não se tenha restringido ao discurso utilitário, pois seus textos são altamente elaborados do ponto de vista estético, sua posição evidencia uma concepção da época acerca da literatura para crianças e jovens: moralizante e pedagógica. Segundo a visão do adulto, as crianças precisavam ser salvas pelo rigor, daí as obras dessa época apresentarem caráter didático e conteúdo moralizante. Esse pensamento, acrescido da criação de escolas, marcou o elemento pedagógico como característico da literatura infantil, o que vai propiciar uma visão depreciativa do gênero que aparentemente servia a uma causa justa: a sociedade começava a se preocupar com a "infância" e, priorizando a criança, expressava a urgência de cuidar de seu crescimento espiritual, moral e de seu desenvolvimento intelectual, bem como de trabalhar suas emoções. Oportunamente, os contos de fadas são utilizados para suprir essa necessidade, pois, embora dirigidos a adultos, fazem enorme sucesso entre as crianças, além de apresentar superficialmente modelos de comportamentos desejáveis pelo poder e pelo sistema – no caso, a burguesia em ascensão na Europa.

Com Fénelon, bispo de Cambrai e preceptor do duque de Borgonha, a literatura infantil toma o rumo da "instrução que diverte". Ele inaugura essa fase da literatura infantil com a publicação de livros profanos, como *Fables* (1692), *Dialogues des morts* (1695), inspirados na mitologia clássica da Antigüidade e na tradição popular. Seu livro *Suite du quatrième livre de l'Odyssée ou Les aventures de Télémaque, fils d'Ulysse* (1699) sofreu enorme repercussão e o notabilizou. Até o século XVII, as crianças liam livros que narravam a vida e o martírio dos santos ou que tinham por tema a história sagrada. Apesar de sua postura moralizante, foi ele quem introduziu a literatura profana como leitura para crianças, em fins do século XVII, com a publicação de seu *Traité de l'éducation des filles* (1687), destinado às oito filhas do duque de Beauvillier. Escreveu ainda livros profanos inspirados na mitologia clássica, nas lendas da Antigüidade e na tradição popular para educar o duque de Borgonha, neto de Luís XIV.

Várias outras modificações são introduzidas nessa época: Madame D'Aulnoy introduz pela primeira vez o elemento "fada" na literatura para crianças, com *Contes de fées*

(8 v. – 1696-1699). Mademoiselle De La Force e a condessa de Murat retomam o tema de Madame D'Aulnoy sobre fadas e Comenius publica o primeiro livro didático ilustrado para crianças, o *Orbis sensualium pictus* [*O mundo visível em pinturas*] (1658).

Essa idéia de uma literatura infantil ligada à necessidade de ensinar era comum e perdurou durante muito tempo, mas somente no final do século XVII se dá a constituição da literatura infantil em forma escrita e o discurso estético cede lugar ao discurso utilitário para a doutrinação do leitor. O quadro de autores e leitores aumenta, a criança é realmente reconhecida como um ser com características próprias e a educação é valorizada.

No século XVIII, a produção literária dá um salto. Na França, Antoine Galland publica os contos orientais *As mil e uma noites*, pela primeira vez traduzidos do árabe para uma língua ocidental. Na Inglaterra, fizeram sucesso *Robinson Crusoé* (1719), de Daniel Deföe e *As viagens de Gulliver* (1726), de Jonathan Swift, ambos inicialmente escritos para adultos, mas adorados pelas crianças. Um pouco mais tarde, John Newberry prepara a versão inglesa dos contos de Perrault na sua edição *Pequenos volumes da biblioteca infantil* (1730). Ele ainda escreveu, produziu e editou cerca de 30 obras especificamente para crianças e é considerado "o pai do livro infantil". Nessa época, Madame Leprince de Beaumont publica vários livros importantes, como *Magasin des adolescents* (1760) e *Contes moraux* (1758), e funda uma revista para crianças, para a publicação de contos que se tornaram célebres, como "A Bela e a Fera", e tiveram muita aceitação pelas crianças.

Em fins do século XVIII, entre 1785 e1789, é publicada na França uma coleção de contos de fadas, por vários autores, denominada *Gabinete de fadas*. Em Londres temos a publicação de *As aventuras do barão de Münchhausen* (1797), que já havia sido publicado de forma anônima em 1785. São histórias inverossímeis sobre esse barão, que serviu ao exército russo e cujo nome virou sinônimo de mentiroso.

Muitos outros escritores destacam-se por suas peculiaridades. Na França, Armand Berquin foi o importante introdutor do realismo para crianças, com *L'ami des enfants* (1782). Na Espanha, encontramos fábulas de Tomás Iriate e as fábulas morais de Félix Samaniego. O escritor Christoph Von Schmid escreve *Les oeufs de pâques* e, em 1790, no Brasil, publica uma série de contos baseados na tradição popular e alcança sucesso internacional. Nos Estados Unidos, Fenimore Cooper fica famoso como autor de *O último dos moicanos* (1826), obra que trata de aventuras entre os indígenas dos Estados Unidos, com a valorização dos temas nacionais do Novo Mundo. Na França, a condessa de Ségur traça um painel da vida aristocrática francesa, com a sua famosa Bibliothèque Rose.

No século XIX, começa a aparecer na Europa uma literatura menos utilitária, feita especialmente para crianças. O discurso utilitário deixa de ser exclusivo, devido ao impacto do Romantismo na cultura européia. A prioridade da emoção sobre a razão refletiria sobre a literatura infanto-juvenil e privilegiaria elementos que não poderiam estar presentes no contexto anterior.

Como já visto no capítulo precedente, muitas transformações ocorreram no século XIX, inclusive no campo educacional, permitindo que o adulto compreendesse a necessidade de despertar nas crianças o gosto pela leitura e de lhes facilitar conhecimentos gerais. Nesse contexto, ao lado da revalorização do folclore, uma forma de afirmação nacional ou regional, desenvolve-se uma nova tendência: a valorização da fantasia, do sonho e da emoção, acima de qualquer atividade moralizante ou pedagógica.

Na Alemanha, no século XIX, Jacob e Wilhelm Grimm, por meio de seus estudos filológicos e da coleta e impressão dos contos populares, estabeleceram as bases científicas do folclore, sob o signo do Romantismo. Essa pesquisa está no volume *Contos de fadas para crianças e adultos* e foi publicada entre os anos 1812 e 1822.

Mas é Hans Christian Andersen, um dinamarquês, o grande autor dessa época, tornando-se o "Patrono da Literatura Infantil", ao retomar do folclore temas para seus contos.

Carlo Lorenzini, escritor italiano cujo pseudônimo é Collodi, notabiliza-se também com *As aventuras de Pinóquio* (1883). Júlio Verne, escritor francês, inaugura os temas de ficção científica. E Lewis Carroll, na Inglaterra, publica *Alice no país das maravilhas* (1865), seguido de *Alice no país dos espelhos* (1872). Seu valor para a literatura está na introdução do *nonsense*, do jogo de palavras, em sua produção. Ao contrário do que ocorrera na literatura moralista, o *nonsense* é o absurdo tornado possível, é o mágico, o encantamento. As metamorfoses, a absoluta falta de lógica aparente e as brincadeiras freqüentes com a linguagem elaboram um mundo onde tudo é possível, essencialmente construído sobre a linguagem.

No século XX, a concepção utilitária de arte para crianças sofre abalos consideráveis, sendo profundamente questionada por artistas, estudiosos e por todos aqueles que se interessavam pela questão. Wilhelm Busch, antecessor da história em quadrinhos, cria personagens de caráter universal (Max e Moritz, personagens recriadas por Olavo Bilac como "Jeca e Chico"). James M. Barrie fica famoso com a criação da personagem Peter Pan, que deu ensejo ao mito da eterna infância. Publicou *Peter Pan, o menino que não queria crescer* (1904) e, devido ao sucesso deste, *Peter Pan nos jardins de Kessington* (1907), além de *Peter Pan e Wendy* (1911).

Mark Twain publica dois livros de repercussão entre crianças de todo o mundo, *As aventuras de Tom Sawyer* (1872) e *Huckleberry Finn* (1885). Robert Louis Stevenson publica *A Ilha do Tesouro* (1883) e *Raptado* (1886). Selma Lagerlöf, autora sueca, aborda o tema das lendas escandinavas. Rudyard Kipling é considerado um dos maiores autores clássicos da literatura infantil. Ele foi ganhador do prêmio Nobel de Literatura em 1907 e das Medalhas de ouro da Royal Society of Literature, em 1926. Sua temática gira em torno do fabulário, antes pertencente a Esopo, Fedro e La Fontaine, mas agora com uma roupagem e conteúdo modernos. A floresta, o cenário natural, os animais da natureza irracional, a beleza da paisagem e a graça conquistaram as crianças. A crítica presente nessa nova fábula é construtiva e os animais são simpáticos à criança. Edgar Rice Burroughs é o criador de *Tarzan* (1972), o mito da renovação do ser humano pela fantasia. Walt Disney é o gênio da imagem, desta se servindo para uma nova dimensão da literatura infantil, por meio de suas criações na área da animação, do desenho e do cinema.

Nos Estados Unidos, são considerados autores de peso do século XX Edward Stratemeyer, Theodor Geisel e Laura I. Wilder. Na Inglaterra têm-se A. A. Milne e Kenneth Grahame. Na França destaca-se Jean de Brunhoff e na Alemanha Erick Kästner[17].

HISTÓRICO DA LITERATURA INFANTO-JUVENIL BRASILEIRA E SEUS PRESSUPOSTOS

Com 500 anos de existência, após ter trilhado caminhos árduos e diversos que vão da colonização portuguesa, no século XVI, até sua independência política e literária, o Brasil se mostra marcadamente favorável ao gosto literário infantil e juvenil.

Essa literatura que se delineia no tempo se traduz, primeiramente, nos contos de fadas e/ou populares, de raízes universais e provenientes de uma tradição oral consubstancialmente mesclados de diversas culturas – africana, indígena, européia e outros grupos étnicos menores – e adaptados à realidade brasileira. Nesse caminho, outras influências marcaram profundamente essa produção, desde a profusa tradução de clássicos literários da literatura mundial e a adaptação de textos portugueses até uma produção de feição nitidamente brasileira. Tudo isso aconteceu sob a prescrição da escola, a grande orientadora desse setor durante muito tempo. Por isso, o início de formação da literatura brasileira destinada à criança e ao jovem é, muitas vezes, denominado de literatura escolar.

Vários foram os fatores que historicamente prepararam esse caminho e contribuíram para o estabelecimento desse gosto literário entre os brasileiros. Um deles está ligado ao interesse em alfabetizar e em encontrar um meio adequado para a preservação de valores religiosos, morais e pedagógicos. Outro fator de extrema importância, próprio de toda a caminhada literária em prol de uma autonomia, é a acirrada busca de identidade que descambou num sentimento ufanista, de nacionalismo, ambos provocados pela dominação portuguesa, geradora da plena dependência política, econômica, social e cultural. Do século XVI até o século XIX, estabelece-se, no Brasil, um longo período de adaptação.

Talvez o fato de o processo de colonização ter sido bastante fechado, traduzindo-se na força, exploração e dominação empreendidas pelo colonizador, tenha contribuído como fonte para a explicação desse sentimento patriótico que, desde cedo, tornou-se tema explorado por nossos escritores.

Os críticos literários Antonio Candido e Luiz Costa Lima falam desse sentimento nativista tão bem descrito por Sílvio Romero, sociólogo que se dedicou ao estudo do folclore e afirmava que o índio representava o elemento vencido na nossa cultura, o negro, o elemento cativo (já que a força de trabalho para o cultivo da terra e para a produção de bens era mantida por ele) e o branco exercia o papel de escravizador, mas que todos se identificavam pela melancolia da saudade. Até o índio sofria dessa melancolia, pois, segundo esse autor, tinha saudades da liberdade em suas próprias matas[18].

Mas era por meio desse sonho de liberdade, desse veio "nativista"[19], como bem menciona Sérgio Buarque de Holanda, que o brasileiro tentava superar a subserviência a que estava submetido. O nativismo, esse sentimento de brasilidade ou da formação de uma consciência nacional, firmou-se "e foi tomando corpo desde o momento em que, ao contato com a nova realidade, um homem novo foi surgindo dentro do colono"[20].

"Admiração" e "aceitação", "desafio" e "superação" exprimem por completo o imaginário de um povo cujo feitio considerado "bárbaro" foi, aos poucos, sendo "civilizado", melhor moldado à maneira européia, conforme é lembrado por Sérgio Buarque de Holanda em *Raízes do Brasil*:

> *A tentativa de implantação da cultura européia em extenso território, dotado de condições naturais, se não adversas, largamente estranhas à sua tradição milenar, é, nas origens da sociedade brasileira, o fato dominante e mais rico em conseqüências. Trazendo de países distantes nossas formas de convívio, nossas instituições, nossas idéias, e timbrando em manter tudo isso em ambiente muitas vezes desfavorável e hostil, somos ainda hoje uns desterrados em nossa terra...* [21]

Mas esse senso de contrastes, em vez de dificultar uma possível busca de afirmação de identidades, ao contrário, promovia um caminho coerente de afirmação, conforme assevera Antonio Candido, prefaciando o livro de Holanda:

> [...] no pensamento latino-americano, a reflexão sobre a realidade social foi marcada, desde Sarmiento, pelo senso de contrastes e mesmo de contrários – apresentados como condições antagônicas em função das quais se ordena a história dos homens e das instituições[22].

E, mais adiante, Antonio Candido, tomando por base Hegel, diz que

> [...] a história jamais nos deu o exemplo de um movimento social que não contivesse os germes de sua negação – negação essa que se faz, necessariamente, dentro do mesmo âmbito[23].

É claro que sabemos que esse gérmen de luta, de persistência, de necessidade de emancipação, integra o brasileiro desde o descobrimento, quando os colonizadores investiram pesado no Brasil, retirando de seu povo todas as possibilidades de riqueza, introduzindo uma cultura e uma língua completamente diferente da que existia no local e, por extensão, catequizando-o, tornando-o, portanto, subserviente, econômica, política e culturalmente.

Nessa tensão é compreensível que a formação espiritual do brasileiro tivesse tendência à autonomia. Nesse sentido, sua mentalidade sempre foi anticolonialista, como afirma ainda Afrânio Coutinho:

> As raízes da luta anticolonial, originadas desde o início da colonização, foram penetrando cada vez mais fundo, criando verdadeira ideologia que alimentou os espíritos ao longo do desenvolvimento histórico[24].

Durante muito tempo, o Brasil viveu sob os auspícios do que a metrópole concebia como concernente à sua colônia. Além de outras coisas, ela impunha a Língua Portuguesa, controlava a instrução escolar e a circulação de livros. Apenas algumas obras proibidas chegavam a ser lidas por um ou outro leitor mais determinado. E, no meio rural, circulavam os chamados livros de sorte. Também era proibida a entrada no País de qualquer livro que pudesse transmitir idéias de liberdade ou mesmo que pudesse incentivar os leitores a uma atitude crítica. Sendo assim, dos poucos livros que entravam no País, a metrópole retirava todos os trechos considerados impróprios ou que pudessem demonstrar às populações coloniais, nativas ou não, que a colonização não era justa nem era querida por Deus. Como colônia, o Brasil não podia ter empresa, universidade, enfim, nada que pudesse demonstrar autonomia em matéria de produção intelectual.

O certo é que não havia ainda uma tradição de literatura. Também não havia livros. Os primeiros provavelmente chegaram com os jesuítas que vieram com Tomé de Souza[25]. Eram livros de conteúdo religioso, o que estava de acordo com o lema do colonizador – "dilatar a fé e o império" –, daí a preocupação com a catequese. O tema da religiosidade foi o primeiro a ser trabalhado pelos livros de catequese feitos à mão pelos jesuítas. José de Anchieta, considerado o primeiro literato da colônia, estrategicamente praticava a catequese utilizando-se da poesia, do teatro e de sermões. O padre Antônio Vieira também se notabilizou por seus sermões. O segundo tema a ser explorado – a feição da nova terra, considerada bárbara pelos estrangeiros – foi trabalhado por meio das crônicas de viagem produzidas pelo olhar senhorial do europeu. Esses viajantes nem sempre escreviam em português e o seu ponto de vista era o do colonizador; a intenção era levar aos europeus os conhecimentos ou novidades do

Novo Mundo. São conhecidos o alemão Hans Staden e o francês Jean de Léry, além de muitos outros que relatavam suas viagens com sucesso para as cortes européias. Por isso, esse primeiro momento literário brasileiro é chamado de literatura de informação e jesuítica.

A história atesta a influência dos jesuítas em nossa terra com relação à religiosidade e à educação. Na segunda metade do século XVI, esses religiosos fundaram diversos colégios[26] e detiveram o monopólio da educação no Brasil por um bom tempo. Ao lado da catequese, ensinavam a ler, a escrever e a contar. Embora todos esses dados relacionados a uma temática nacionalista, religiosa e informativa encaminhem a uma idéia de literatura abrangente, como havia poucos alfabetizados, a não ser os filhos da elite, não havia ainda leitores. Não havia também nenhuma preocupação com as crianças, em especial, no tocante à educação ou à literatura.

Havia, sim, uma tentativa de afirmação da nacionalidade. E a literatura foi o mote para a afirmação dessa identidade brasileira, pois, segundo Afrânio Coutinho: "A um olhar retrospectivo, a literatura brasileira apareceu como a evolução do espírito nacional em busca de sua identidade"[27].

Até o final do século XVII, o panorama não havia se alterado muito. A maior parte das obras lidas ainda era de conteúdo religioso. Somente no século XVIII, em algumas bibliotecas particulares, ocorreu uma mudança na composição dos livros, pois além das obras de cunho religioso encontravam-se obras científicas e de saberes profanos. A Coroa ainda controlava a circulação de livros, mas desenvolvia uma política de difusão do português. Na metade do século XVIII, a Coroa chegou a priorizar o ensino da gramática portuguesa.

Os laços de dependência com a Universidade de Coimbra se mantiveram até 1768. Exatamente nessa época, o marquês de Pombal expulsou os jesuítas do Brasil. Ele achava que o poder das ordens religiosas crescera demais, a ponto de poder significar perigo para o governo. Com a expulsão dos jesuítas, no final do século XVIII, e o conseqüente declínio do sistema escolar vigente, o governo voltou seu olhar para a necessidade de assegurar a alfabetização e a educação da população. A partir daí, deu-se início uma fase de reformas educacionais e "Com as reformas, o Estado assumiu diretamente a responsabilidade sobre a instrução escolar, cobrando um imposto, o subsídio literário, e introduzindo as chamadas aulas régias"[28]. Os primeiros passos dessa autonomia intelectual processavam-se junto à produção literária denominada barroca. O escritor Gregório de Matos se afirmava contando, critica e ironicamente, a realidade brasileira que o cercava. Gregório de Matos e seus poemas satíricos faziam "crítica social" intensa à corrupção existente no Brasil da época.

No final do século XVIII, com as mudanças que aconteciam no resto do mundo, abriam-se novas perspectivas no terreno estético brasileiro. Filósofos como Rousseau, Voltaire e Montesquieu e enciclopedistas como Diderot e D'Alembert eram muito lidos pelos membros da elite brasileira. O estilo de época denominado Arcadismo confirma a fundação de academias, a organização de atos acadêmicos, a aproximação com a natureza, os estudos históricos – às vezes de natureza científica – e a intenção patriótica; e a literatura adquiriu um novo matiz que oferecia novas perspectivas à nacionalidade, com o despertar da paisagem brasileira, natural, política, social e humana. Destacavamse, nessa época, Cláudio Manoel da Costa e Tomás Antonio Gonzaga. O caráter da literatura, da arte e da cultura dessa época ainda não era de cunho predominantemente brasileiro, pois mantinha reflexos do que se fazia em Portugal, que, por sua vez, copiava as idéias da França.

O Brasil começa a apresentar uma feição literária, de teor nacionalista, por meio do Romantismo, vigente da segunda metade do século XVIII ao início do século XIX, com a importância dada ao folclore, expressão nacional de costumes e lendas já adaptados ao meio. A imaginação, o sentimento, a emoção e a sensibilidade, próprios desse movimento, permitiriam uma difusão mais livre das idéias com a ascensão social das camadas médias urbanas. Esse movimento veio de encontro dos ideais neoclássicos que pregavam o equilíbrio, a razão, o intelectualismo, o absolutismo, o convencionalismo clássico e o esgotamento das formas e temas então dominantes[29].

Como o interesse do homem se voltava para o primitivo e o popular, é compreensível a importância do estudo do folclore cuja sistematização se deve a Sílvio Romero. Por isso, além do caráter religioso, do enaltecimento da feição da terra, se acrescentaria aos livros o caráter folclórico.

No século XIX, com a vinda de d. João VI e sua corte para o Brasil, o ensino, a imprensa e o desenvolvimento urbano tornaram-se áreas de grande interesse da própria corte. D. João VI fundou a Biblioteca Real em 1808 e esta deu origem, mais tarde, em 1905, à Biblioteca Nacional. As reformas do ensino e a criação de escola de nível superior, bem como a abertura no setor das artes e das ciências e as possibilidades que surgiram para o comércio de livros, tudo isso implicou numa mudança de mentalidade do povo. Numerosas reformas na vida econômica, política e cultural acarretaram transformações na vida social do povo brasileiro. Em conseqüência, houve uma aceleração das atividades econômicas e da importação de livros e, por conseguinte, de traduções. Apareceram novas profissões e a consciência da importância da instrução como meio de ascensão socioeconômica. A imprensa, até então proibida, surgiu pelo regimento de junho de 1808 por iniciativa oficial. A maquinaria tinha vindo com a corte. Mas o primeiro jornal, *A Gazeta do Rio de Janeiro*, apresentava textos copiados de jornais de Lisboa e Londres e versava sobre assuntos da corte.

Somente no século XX, por volta de 1920, surgiram os primeiros estudiosos brasileiros que lutaram pelo estatuto da leitura. Eles foram os chamados "pioneiros da educação nova". Dois motivos levaram esses educadores a trabalhar em prol da leitura: o primeiro tinha a ver com os novos tempos vividos no Brasil e a idéia de modernidade que exigia uma reformulação pedagógica, uma democratização do ensino, e o segundo girava em torno da necessidade de erradicação do analfabetismo que beirava a casa dos 75% da população[30]. Analfabetismo, repetência, evasão escolar, falta de escolas e de professores, além de péssimas condições de trabalho, compunham o panorama da educação no País. Na verdade, tudo isso combinava com os ideais desses educadores e acabou por contribuir para o crescimento da produção literária brasileira dirigida à criança e ao jovem. Para completar o quadro que favoreceria a evolução dessa produção literária, ocorre a expansão da imprensa, que propiciou impulso à produção nacional.

Com a difusão da literatura infanto-juvenil, uma série de estudiosos preocupou-se em registrar, documentar historicamente os passos dessa produção literária, como o fez Leonardo Arroyo. Outros nomes surgiram, como Fúlvia Rosemberg, Zinda Maria de Carvalho e Lúcia Miguel Pereira. Mais recentemente, também merecem destaque: Marisa Lajolo, Regina Zilberman, Nelly Novaes Coelho, Gloria Maria Fialho Pondé, Eliana Yunes, Laura Sandroni, Edmir Perrotti e muitos outros.

Observa-se na literatura infanto-juvenil brasileira até agora três momentos significativos: uma fase inicial, de formação de uma literatura dirigida ao público jovem, uma fase de transição, com o destaque para Monteiro Lobato, e uma fase de expansão, com a solidificação desse processo literário[31].

Fase inicial

A esse período inicial, de formação de uma literatura voltada para o ideário infantil e juvenil, correspondem a importação, a tradução e a adaptação dos contos populares, dos contos maravilhosos e dos grandes clássicos universais, bem como de uma produção literária elaborada com fins pedagógicos pelos educadores e intelectuais da época, corretamente denominada escolar. Tudo isso se dá exatamente no final do século XIX até o primeiro decênio do século XX.

Os textos de literatura infanto-juvenil brasileira eram importados em sua língua de origem, portugueses ou traduzidos em Portugal, e adaptados ou não para o público infantil brasileiro. Os clássicos da literatura mundial, escritos para adultos, mas que fizeram sucesso entre as crianças, foram os primeiros a ser traduzidos no Brasil. O professor Carlos Jansen, por exemplo, traduziu, para o público juvenil, os títulos *Contos seletos das Mil e uma noites* (1882), *As viagens de Gulliver* (1888), com prefácio de Sílvio Romero e ilustrações em cromos, *Robinson Crusoé* (1885), *As aventuras do celebérrimo Barão de Münchhausen* (1891), traduzido do alemão com figuras coloridas, e *D. Quixote de La Mancha* (1901). Alguns outros tradutores de importância nessa época são Caetano Lopes de Moura, com a tradução das obras de Fenimore Cooper e Walter Scott; Jovita Cardoso da Silva, com a tradução dos títulos de Júlio Verne; Justiniano José da Rocha, com a tradução de *O conde de Monte Cristo* e a adaptação das fábulas de Esopo e La Fontaine, em 1852; e Francisco de Paulo Brito, com a tradução do conjunto de fábulas de Esopo, em 1857. Além desses títulos, outros como *Robinson Crusoé*, de Daniel Deföe, foram traduzidos em 1885 e *As aventuras de Gulliver*, de Swift, com prefácio de Rui Barbosa[32] e ilustrações, começou a circular em 1888. Por isso, alguns estudiosos preferem denominar esse período de fase de *tradução e imitação*.

Atrelada à escola, por sua feição moral e pedagógica, a literatura infanto-juvenil apresenta um matiz funcional. Valores religiosos, morais, pedagógicos e nacionalistas se misturam nesse primeiro momento. A escola necessitava de textos apropriados à linguagem e ao universo da criança brasileira, pois os textos estrangeiros, além de serem contextualmente diversos de nossa realidade, apresentavam um tom que dificultava a identificação do leitor mirim com a obra. Portanto, a busca de abrasileiramento e a aproximação da linguagem escrita da falada eram dois pontos indispensáveis para torná-los mais atraentes.

Os principais fornecedores de livros no Rio de Janeiro eram os editores Quaresma, Garnier e os Laemmert. A importância da livraria Quaresma está, principalmente, na inovação da criação do livro popular a preços razoáveis e no pioneirismo da literatura infanto-juvenil no Brasil por meio das obras do jornalista Figueiredo Pimentel. Em 1894, pela livraria Quaresma, ocorreu a publicação do primeiro livro para crianças, *Contos da Carochinha,* de autoria de Figueiredo Pimentel. Essa foi a primeira coletânea de literatura infanto-juvenil brasileira e constava de 61 contos populares originários de Perrault, Grimm e Andersen, traduzidos e adaptados pelo jornalista. Dois anos depois, em 1896, Pimentel publicou seu segundo livro para crianças, intitulado *Histórias da Avozinha e Histórias da Baratinha.* Também são de sua autoria *Álbum das crianças,* no campo da poesia (1897), e *Teatrinho infantil,* no âmbito do teatro (1897). O livro *Meus brinquedos* (s. d.), de teor folclórico, apresenta parte das cantigas para adormecer no berço, variadíssimos brinquedos e divertimentos colegiais. Além desses livros, Pimentel publicou *A queda de um anjo* (1897), *O livro das crianças* (1898) e *Contos do tio Alberto* (s. d.). Pela primeira vez, no Brasil, a literatura dirigida ao público jovem é travestida de ludismo, apesar de manter a orientação e a exemplaridade como características básicas.

Dessa forma, ainda dependente política e culturalmente de Portugal, o Brasil começava a apresentar uma certa produção nacional. Mesmo assim, ainda se importavam os modelos culturais que circulavam na metrópole, pois uma parcela da população, os filhos mais ricos da terra, realizava seus cursos no exterior e voltava sempre com grandes novidades, que rapidamente eram assimiladas ou transformadas. E isso acontecia em todos os campos, principalmente nas artes. As obras de Figueiredo Pimentel encontravam-se no limiar da passagem desse período inicial para a chamada fase de transição da literatura infanto-juvenil brasileira. O destaque conferido ao jornalista está no caráter mais literário que didático, embora ele se tenha restringido à adaptação e ao abrasileiramento de contos clássicos.

Os livros dirigidos às crianças e aos jovens ainda mantinham um acento utilitário e pedagógico e uma certa preocupação com a moral (bem observáveis em seus prefácios), mas o aspecto diversão começava a surgir.

Ainda nesse primeiro decênio do século XX começa a circular no País a primeira revista infantil, a *Tico-Tico*, que fez sucesso entre as crianças durante anos por meio de suas personagens. Mais tarde é criada a Biblioteca Infantil de O Tico-Tico, que edita histórias divertidas, animadas por nomes já conhecidos na área da literatura para adultos. E acabam surgindo novas revistas infantis.

O caráter de dependência cultural só cessará com a produção de livros infantis no início do século XX. Mas a preocupação com a alfabetização e a educação continuará assinalando um caráter escolar para a produção literária.

Fase de transição

Essa fase abarca um período de curta duração – de meados do primeiro decênio do século XX até a década de 1960 –, mas de extremo significado e definição para a literatura infanto-juvenil brasileira. Nesse curto período de tempo, observa-se uma produção bem consistente de tradução e adaptação de textos estrangeiros, bem como a elaboração de textos genuinamente brasileiros. Livros de cunho nacionalista, de conhecimento de nossas raízes pelo folclore e de exaltação à natureza tornam-se comuns ao lado de outros que enfatizam a diversão, o lúdico e a fantasia.

Toda essa mudança na literatura infanto-juvenil brasileira tem a ver com as transformações sofridas pelo brasileiro nesse início do século XX. Acontecimentos políticos, sociais e econômicos darão uma nova feição ao País. Com o fim da escravidão e o surgimento do trabalho assalariado, o cenário brasileiro já começava a apresentar ares de modernidade. A aceleração de transformações mais as modificações sociais acabaram estimulando o crescimento da vida urbana.

O estilo de vida na cidade mudou. Crescimento demográfico, avanço na ideologia capitalista, melhoramentos urbanos e um certo crescimento industrial promovido, em parte, pela Primeira Guerra Mundial, e as necessidades dos países europeus foram alguns dos fatores que concretamente configuraram mudanças importantes em nosso modo de vida. Além disso, a expansão da imprensa promoveria um avanço no questionamento da ordem econômica e permitiria a circulação de idéias de liberdade econômica, de autonomia das regiões e de reforma administrativa.

Tudo isso representou a modernização chegando ao País. O Brasil se sentia "o país do futuro", a caminho do progresso e da modernização com sinais de crescimento em todos os níveis.

A necessidade de reformas educacionais tornou-se premente, pois o número de alfabetizados ainda era pequeno. Mesmo assim, já havia uma pequena parcela da população consumidora de livros infantis e escolares.

A literatura brasileira continuava a sofrer influência da França. O Simbolismo e o Parnasianismo eram as correntes literárias do momento. Em suas poesias, a maior parte dos parnasianos cantava a Antigüidade clássica aliada a cenas da vida brasileira. O carioca Olavo Bilac, um dos intelectuais de destaque na literatura infanto-juvenil da época, por sua atuação literário-pedagógica, era um dos principais expoentes da escola parnasiana. Ele realizou muitas traduções para a editora Laemmert sob o pseudônimo de Pantásio. Em 1915, Bilac traduziu as aventuras de Max e Moritz (denominados por ele de Juca e Chico), de autoria de Wilhelm Busch, famoso pintor, ilustrador, humorista e poeta alemão. Seus textos eram marcados pelo civismo e pela exemplaridade. Basta ler Os *Contos pátrios* (1904), *A pátria brasileira* (1910), de sua autoria e Coelho Neto, *Theatro infantil* (1905) e *Através do Brasil* (1910), em parceria com Manuel Bonfim, para verificar valores como o amor à nossa terra ou a exemplaridade. Essa preocupação com a exemplaridade levava à difusão de valores morais, como caridade, obediência, aplicação no estudo, constância no trabalho e dedicação à família, também observáveis em outros escritores da época, tais como João Vieira de Almeida e Adelina Lopes Vieira.

Temáticas relacionadas à exaltação da natureza brasileira e da grandeza nacional, passando pela exaltação de vultos e episódios da história do Brasil ou pelo culto da língua nacional, encontram-se presentes em muitos outros escritores da época. Júlia Lopes de Almeida e Alexina de Magalhães são exemplos disso. Alexina de Magalhães, por exemplo, valorizou o folclore e a pátria em *Provérbios populares, máximas e observações usuais* (1917), *As novas histórias* (1907) e *Os novos brinquedos* (1909). Dessa forma, a escola passa a ser a difusora desses textos nitidamente exemplares.

Alguns trabalhos destacam-se, nesse momento, como os de Arnaldo de Oliveira Barreto, notável e pródigo tradutor de autores de todo o mundo. Data de 1915 o lançamento da primeira tradução de *O Patinho Feio*, de Andersen, feita por ele, pela Companhia Melhoramentos, com ilustrações de Francisco Richter. É dele também a adaptação de *O velocino de ouro* e do conto oriental *Sindbad, o Marujo*. Onze anos depois, em 1926, Lourenço Filho reviu essa coleção e simplificou o vocabulário para adequá-lo ao público infantil. Mas apesar desse esforço de adequação de vocabulário, muita coisa ainda precisava ser feita no tocante à literatura infanto-juvenil brasileira.

Viriato Corrêa, seguidor da linha da escrita didática, de cunho folclórico e nacionalista, escreveu, entre outros, *Era uma vez*[33] (1908) e *Bahú velho: roupas antigas da história brasileira* (1930), mas fez enorme sucesso com *Cazuza* (1938).

Outros nomes como Renato Sêneca Fleury, paulista de Sorocaba, professor dedicado à causa da leitura e à dinamização do ensino primário, Manuel José Gondim da Fonseca e Thales Castanho de Andrade se incorporam à leva de escritores também preocupados com a exaltação da natureza e do folclore. Manuel José Gondim da Fonseca, por exemplo, escreveu *Conto do país das fadas*, *O reino das maravilhas* e *João Miudinho*. Seu primeiro livro foi escrito em 1926 e o último em 1945. Thales Castanho de Andrade não só escreveu como incentivou a publicação de livros para a infância e para a juventude[34]. No entanto, *Saudade* (1919) é sua obra-prima, de exaltação à natureza, e chega à 63ª edição como um clássico da literatura infantil brasileira. Em 1921, ele organiza para a Melhoramentos a coleção "Encanto e Verdade".

Nesse período, o governo impõe uma reforma no ensino que facilita o acesso da população urbana de baixa renda à escola. A preocupação com a educação nacional permitia a incorporação de novas práticas pela pedagogia nova e Rui Barbosa assumiu papel importante nessa pedagogia chamada moderna. Assim também os educadores Anísio Teixeira, Fernando de Azevedo[35], Lourenço Filho[36], Francisco Campos e Cecília Meireles, que se destacaram por sua ação em prol da educação nacional, a partir da década de 1920. Não só participaram das reformas educacionais inspiradas na pedagogia nova como se mantiveram coesos no ideal de democratização do ensino e na política cultural de difusão da leitura até o início da ditadura, na década de 1930. Nesse momento de grande euforia, portanto, a literatura infanto-juvenil brasileira ainda conserva parentesco com a chamada literatura escolar.

Vários fatores contribuíram para que esse movimento em prol da leitura desse certo. Os cargos que esses educadores liberais exerceram, por exemplo, representam um dos elementos que facilitaram sua ação. O educador Anísio Teixeira, nomeado diretor de instrução pública do Distrito Federal, teve muita influência e credibilidade no meio educacional brasileiro. O mesmo se dava com o educador Fernando de Azevedo, fundador da Biblioteca Pedagógica Brasileira que, durante muito tempo, manteve correspondência com Cecília Meireles para a troca de afinidades educacionais. Francisco Campos foi ministro da Educação e Saúde. Lourenço Filho também obteve destaque, mas o fato de endossar e participar do regime da ditadura atrapalhou a união do grupo na causa da educação nacional. Cecília Meireles, atuante desde a década de 1930, professora, poetisa, grande articuladora e consciente do papel da literatura infanto-juvenil brasileira, teve um espaço e campo de ação privilegiados, não só pelo fato de ser escritora, mas pelo ideal de educadora de que era imbuída. Foi autora de livros escolares, signatária do Manifesto dos Pioneiros da Educação Brasileira de 1932, organizadora e diretora da primeira Biblioteca Pública do País, além de divulgadora de temas relativos à escola e à educação na imprensa e no rádio. Escreveu peças infantis para o teatro e foi uma das primeiras a aprofundar, no Brasil, os problemas relativos à literatura para a infância e à formação de leitores. A publicação do livro *Criança meu amor*, em 1924, demonstra seus ideais de educação. Suas contribuições no jornal *Diário de Notícias* na década de 1930 e, mais tarde, em 1951, a publicação de *Problemas da literatura infantil* confirmam sua relevante posição nas causas do ensino e da literatura dirigida a crianças e jovens.

No plano cultural há o aparecimento do rádio, a expansão do cinema, o progresso da tecnologia das comunicações e, principalmente, no caso da literatura, os novos investimentos na área editorial, que facilitariam a difusão das criações artísticas. Há melhor circulação para a divulgação desses produtos no País. A arte passa a dispor de um público maior devido aos novos meios de divulgação. A modernização, tanto dos meios como das metas formuladas pelos movimentos artísticos, caracteriza o período. A Semana de Arte Moderna, no terceiro decênio do século XX, cumpre seu papel questionador e modernizante da manifestação de arte brasileira.

Surgem os *Álbuns de figuras* (livros de estampas, de imagens, destinados às crianças pequenas). Na França esse trabalho pioneiro se deve a Paul Faucher, conhecido como "Père Castor". O livro de Juarez Machado intitulado *Ida e volta* está incluído nesse álbum. Já que no Brasil ele não conseguira editá-lo, começa publicando-o na Europa.

São muitos os escritores empenhados em disseminar uma literatura – específica e adequada – para o público infantil, mas é o escritor-editor Lobato a figura marcante de um momento-limite na literatura infanto-juvenil brasileira, pois consegue chegar até o universo infantil imprimindo caráter literário em seus escritos, o que desencadeia novos rumos para essa produção literária. Devido à sua inventividade e perspicácia, assim como à sofreguidão com que se entrega à causa do livro e à promoção da leitura, preocupado com a criança e seu universo mágico e vocabular, a literatura infantil atinge um patamar importante na década de 1920.

Lobato apresenta um certo grau de amadurecimento na articulação do texto literário. Inova, fala do desejo de um Brasil melhor, mais moderno e progressista para um público ainda não acostumado a essa temática. Desde 1906, Lobato já se preocupava com o problema dos livros de leitura para a criançada e planejava traduzir e adaptar fábulas de Esopo e de La Fontaine em linguagem acessível aos pequenos leitores brasileiros. E deixa claro seu objetivo na correspondência estabelecida com Godofredo Rangel. Em 1920, saem uns fragmentos da história de "Lúcia ou a menina do narizinho arrebitado". No mesmo ano, ele publica, pela Ed. Monteiro Lobato, um belo volume cartonado, com

Visconde, Pedrinho e Emília, ilustração de J. U. Campos

ilustrações coloridas de Votolino, intitulado *A menina do narizinho arrebitado*.

Viagem ao céu, 1932, capa de J. U. Campos

Embora ele acumule as funções de escritor, divulgador e empresário do livro infantil, sua prioridade com relação à escrita passa a ser o discurso estético, de cunho nacionalista e com a intenção de contribuir para a educação das crianças e o desenvolvimento de seu sentido crítico. A narrativa, portanto, deixa de ser tradicional, fechada e unidirecional. Elementos como ludicidade, trabalho apurado da linguagem e fantasia fazem parte do novo tipo de narrativa que se inicia. O eixo do discurso é o próprio discurso, orientado por uma dinâmica interna. Sua obra apresenta características literárias, ou seja, como afirma Laura Sandroni, "na linguagem inventiva, transgressora de rígidos cânones gramaticais de sua época ou na introdução de temáticas até então características do leitor adulto"[37]. Ele é autor de 24 livros infantis, editados em 17 volumes, abrangendo temáticas variadas e interessantíssimas para o leitor infantil. Segundo Fanny Abramovich, jornalista e escritora, o verbo primeiro da literatura infantil brasileira é "lobatear"[38].

Uma nova política educacional surge em consonância com a expansão da rede escolar nas décadas de 1930 e 1940. Nessa época o Brasil vive a ditadura, implantada por Getúlio Vargas. Em 1930, é criado o Ministério da Educação e Saúde Pública, com Francisco de Campos. A Constituição de 1937 estabelece as bases democráticas da educação nacional. Do mesmo modo, cresce a produção de literatura infantil. Há um interesse pelas séries detetivescas e de aventuras e também pela ficção científica. Os contos maravilhosos ainda são apreciados. A temática gira em torno do folclore, de aventuras e reflete o cotidiano, exaltando a terra brasileira por meio de episódios nacionais, mas apenas alguns autores conseguem manter um bom nível ficcional como Lobato. O acento pedagógico ainda está presente na maior parte da produção literária da época.

Em algumas obras infanto-juvenis, o foco principal é o mundo rural, primitivo, e o desejo de valorização do popular autêntico. *Histórias da velha Totônia* (1936), de José Lins do Rego, e *Histórias de Alexandre* (1944), de Graciliano Ramos, são representativos dessa época.

Na linha do folclore temos *Novas aventuras de Pedro Malasartes* (1949), de Hernâni Donato, que também contribuiu com traduções e adaptações de contos maravilhosos e escreveu outros de inspiração folclórica indígena.

Algumas outras histórias privilegiam o espaço urbano. É o caso de *Fada menina* (1939), de Lúcia Miguel Pereira, *A terra dos meninos pelados* (1939), de Graciliano Ramos, *Viagens de João Peralta e Pé-de-moleque* (1931) e *Novas aventuras de João Peralta e Pé-de-moleque* (1932), de Menotti del Picchia.

Erico Verissimo atravessa todo esse período até 1976, tendo sido agraciado com diversos prêmios, inclusive com o prêmio Literário da Fundação Moinhos Santista, em 1973, pelo conjunto de sua obra. O livro *As aventuras de Tibicuera*, que são também do Brasil, é de 1956 e representa o caráter folclórico e exemplar da literatura desse momento.

Maria José Dupré ficou famosa com o romance *Éramos seis* (1943), que até novela televisiva se tornou, dada a sua popularidade. O livro foi também traduzido para o espanhol e o francês e transformado em filme pelo cinema argentino. Destacou-se com o prêmio Raul Pompéia da

Academia Brasileira de Letras e o prêmio Jabuti da Câmara Brasileira do Livro.

Luís da Silva Jardim[39] foi muito apreciado nessa época também. Muitas de suas histórias revivem o gênero nordestino das histórias de Trancoso. Desde 1940, ele tem apresentado trabalhos interessantes para a literatura infanto-juvenil, como *O boi Aruá* (1940)[40], ilustrado por ele mesmo, *Proezas do menino Jesus* (1968)[41], e *Aventura do menino Chico de Assis* (1971), este inspirado na vida de São Francisco de Assis.

Além desses autores, outros se destacam, como Ofélia e Narbal Fontes, Malba Tahan, Orígenes Lessa, Edy Lima, Odette de Barros Mott etc.

Nos anos 1940, ocorre também a expansão das histórias em quadrinhos, iniciadas com a criação dos super-heróis, mas, somente na década de 1960, o jornalista Maurício de Souza criará uma variada gama de personagens criativas, inteligentes e caracteristicamente brasileiras. No ano seguinte, é agraciado com o prêmio máximo do Congresso, o troféu *Yellow Kid*, o Oscar dos quadrinhos, pela criação da revista *Mônica*, lançada em 1970, pela editora Abril. Assim, a produção e o mercado de quadrinhos expandem-se cada vez mais.

O gênero poesia acompanhava os ditames da literatura infanto-juvenil com relação à exemplaridade, moralidade e ensinamentos, por isso o espaço entre a poesia tradicional e a contemporânea é grande. Entre nossos primeiros poetas estão Francisca Júlia, Zalina Rolim, Maria Eugênia Celso e, principalmente, Olavo Bilac. Nessa época cercada de cuidados morais e pedagógicos, Olavo Bilac destacava-se não só na prosa como também na poesia. A partir da década de 1920, com o advento do Modernismo e as rupturas provocadas pela insatisfação dos nossos artistas, a poesia também começou a mudar de feição. Houve uma exploração maior da sonoridade das palavras e do ritmo. A ludicidade e a metalinguagem foram inseridas no fazer poético. A temática abrangia desde a exaltação da natureza e a valorização do sentimento pátrio até a discussão de novos valores. Tudo revestido de muita ironia e muito humor. Cecília Meireles começou a escrever poemas a partir de 1930. Depois, vieram Henriqueta Lisboa e Mário Quintana nos anos 1940. Destacam-se de Henriqueta Lisboa dois de seus textos: *Prisioneira da noite* (1941) e *O menino poeta* (1943). Mário Quintana faz enorme sucesso com a primeira edição de *A rua dos cata-ventos* (1940). Os títulos *Canções* (1946) e *Sapato florido* (1947) fizeram bastante sucesso na época. Em 1962, ele reúne em um só volume as suas poesias e, em 1966, publica uma *Antologia poética*[42], com 60 poemas inéditos.

Nas décadas de 1950 e 1960, ocorrem a expansão do ensino e a modernização do País. As reformas educacionais favorecem o aumento da leitura no Brasil e o mercado editorial também se amplia. A Lei de Diretrizes e Bases torna o uso de textos literários obrigatórios para o ensino de Língua Portuguesa nas escolas, o que amplia o número de leituras e leitores.

Ainda em 1960, o marco histórico está na criação da Editora Giroflê-Giroflá, dedicada à literatura para crianças, fundada em São Paulo por Sidônio Muralha (1929-1982), poeta português que se radicou no Brasil. Surgem alguns autores novos, como Isa Silveira Leal, Lucília Junqueira de Almeida Prado e Maria Heloísa Penteado.

Mas o que se observa é que, depois de Lobato, a produção literária para crianças e jovens foi muito desigual: de um lado, havia tentativas de ligação com o novo, o moderno; de outro, permanecia o tradicional camuflado de novo, uma sintaxe lingüística moderna e um conteúdo tradicional ou exemplar.

Fase de expansão

A década de 1970 é apontada pelos estudiosos da literatura brasileira para crianças e jovens como um momento ímpar e bastante promissor. Alguns fatores favorecem essa nova visão, como o empenho das editoras em melhorar a qualidade do material impresso, em aumentar o número de exemplares publicados e manter uma certa regularidade de lançamentos. De outro lado, há também um aumento considerável do número de escritores e ilustradores e a produção literária passa a apresentar uma grande e diversa variedade temática. O estudioso Edmir Perrotti afirma que

> [...] nesse momento, surge na literatura para crianças e jovens um número grande de escritores, com uma consciência nova de seu papel social: reclamam a condição de artistas e desejam que suas obras sejam compreendidas enquanto objeto estético, abandonando, assim, o papel de moralistas ou "pedagogos" que até então fora reservado a quem escrevesse para a área infanto-juvenil[43].

Muitos escritores, reconhecidos literariamente, na década de 1970, na verdade, já haviam iniciado suas atividades anteriormente; outros, entretanto, apresentavam suas primeiras obras. Carlos de Marigny, Domingos Pellegrini, Eliane Ganem, Elias José, Joel Rufino dos Santos, João Carlos Marinho, Fernanda Lopes de Almeida, Odete de Barros Mott, Eliardo França, João Carlos Marinho, Walmir Ayala, Ana Maria Machado, Bartolomeu Campos Queirós, Ruth Rocha, Lygia Bojunga e Marina Colasanti são alguns dos nomes que participam ativamente desse momento e apresentam textos dotados de organicidade. Muitos deles atravessam outras duas décadas com o mesmo *élan* literário.

Orígenes Lessa, por exemplo, estreou na literatura no final dos anos 1920, com a publicação de seu primeiro conto. Exerceu atividades ligadas ao jornalismo e à publicidade. A partir de 1970, ficou conhecido como escritor infanto-juvenil com a publicação de diversos livros em linguagem concisa, direta e coloquial, sempre de forma bastante humorística[44].

Seja novela, romance, conto ou crônica, utilizando dos mais diversos recursos, inclusive alguns antes apenas aplicados na literatura para adultos, trabalhando com temas novos ou revitalizando temas antigos, a literatura dirigida a crianças e jovens torna-se um caminho para a reflexão, para o questionamento e/ou para a simples fruição. O desaparecimento da exemplaridade, o espaço cada vez maior concedido ao leitor nas narrativas, o humor sempre presente e a busca de raízes brasileiras por meio do reavivamento do folclore tornam esse fazer essencialmente literário. A concepção utilitarista de que era revestida essa produção literária, a idéia de um discurso eficaz e o caráter de exemplaridade cedem lugar, portanto, à concepção estética nesse momento.

Para isso, os escritores utilizam uma linguagem mais acessível e empregam recursos próprios da comunicação de massa, com a intenção de atrair o grande público. Como conseqüência, as vendas aumentam, o que demonstra um certo reconhecimento por parte do público leitor.

A ilustração assume papel importante nessa década, e Ziraldo, muito inventivo, atrai o público ao fundir a linguagem verbal com as artes gráficas em *Flicts* (1967). Em *A turma do Pererê* (1972-73), ele trata de um tema rural, mas utiliza os quadrinhos, um moderno meio de comunicação de massa. Eva Furnari também nos presenteou com as suas criações originais em torno de *A bruxinha atrapalhada e seu admirador, Gregório* (1982), *Cabra cega* (1988) e muitos outros.

Outro fator que concorre para o benefício da literatura infanto-juvenil é a política cultural da leitura, iniciada na década de 1920 com os educadores da educação nova, que se mantém com a Lei 5.692 sancionada em 1971. Esta regulamenta a Lei de Diretrizes e Bases de 1961 e recomenda a leitura de autores nacionais em sala de aula, o que serve de estímulo ao livro infantil e juvenil. Em decorrência dessa política, em 1968, ocorre a criação da Fundação Nacional do Livro Infantil e Juvenil (FNLIJ), órgão responsável pela promoção da leitura no País. Trata-se de uma instituição de direito privado, de utilidade pública federal e estadual, de caráter técnico-educacional e cultural sem fins lucrativos. Com a preocupação de formar leitores, a FNLIJ, desde então, promove projetos de estímulo à leitura, como "A ciranda de livros" (1982-85), "Viagem da leitura" (1987-88), "Livro mindinho, seu vizinho" (1987-88) e outros mais. Em 1974, foi criado o Prêmio da FNLIJ, distinção máxima que passou a ser concedida aos melhores livros nas categorias: criança, jovem, imagem, poesia, informativo, tradução, projeto editorial, revelação (autor e ilustrador), melhor ilustração, teatro e livro brinquedo[45].

Todo esse contexto cultural permitiu à literatura infanto-juvenil um crescimento cada vez maior. Ela passa a ser fonte de reflexão, questionamento e crítica, tendo no seu vértice como modelo o escritor Monteiro Lobato, destaque na década de 1920 por suas inovações. Até hoje, Lobato é lembrado por sua preocupação com o caráter literário dos textos, com a forma mais adequada e lúdica de transmitir conhecimento e com a adequação do vocabulário. A discussão de temas antes apenas aplicados a adultos, o cuidado com a promoção de reflexão crítica na criança e o nacionalismo consciente são outras marcas deixadas por ele.

Há um corrente retorno a temáticas já exploradas em fases anteriores. A revitalização e a renovação das histórias populares e do folclore, valorizadores de nossas raízes, se dá de forma satisfatória e contínua. Werner Zotz, Ângela Leite de Souza, Ciça Fitipaldi e Ricardo Azevedo resgatam contos, cantigas e brinquedos tradicionais. Werner Zotz publicou *Apenas um curumim* (1979)[46], *Rio Liberdade* (1984)[47] e *Não-me-toque em pé de guerra* (1982)[48]. *A moça do Bambuluá* (1989)[49] é um exemplo de Ricardo Azevedo, e as histórias *Mata-sete* (1988) e *Tereza Bicuda* (1988)[50], de Ciça Fittipaldi, dão a dimensão do trabalho de re-escritura desenvolvido por esses autores.

Um elemento novo que começa a ser muito utilizado pelos escritores na revitalização desses temas da tradição popular é a paródia. Clarice Lispector, que escreveu cinco livros infantis, já utilizava o discurso parodístico e também estabelecia diálogos com outros textos. São de sua autoria *O mistério do coelho pensante* (1967)[51], *A mulher que matou os peixes* (1969), *A vida íntima de Laura* (1974), *Quase de verdade* (1978)[52] e *Como nasceram as estrelas* (1987)[53]. Ruth Rocha, outra autora consagradíssima por suas histórias questionadoras e de crítica social, também faz uso da paródia em alguns de seus escritos, como *O Reizinho mandão* (1978)[54], *O rei que não sabia de nada* (1980) e *O que os olhos vêem o coração não sente* (1981)[55]. Por meio desse recurso ocorre o questionamento das estruturas conservadoras, agora denunciadas por uma ótica invertida. É o caso de *História meio ao contrário* (1978)[56], de Ana Maria Machado, escritora-destaque na prosa de ficção desde 1977. Esse livro é interessantíssimo por operar uma transgressão às normas narrativas encontradas nos contos maravilhosos tradicionais, o que coloca em questão os valores que, até então, serviam de base para esses contos. Humor e *nonsense* fazem parte da narrativa que se afasta da lógica tradicional e, em lugar de contar os acontecimentos em seqüência natural, como acontece nos contos de fadas, a autora o faz através de uma inversão. Mas é com *De olho nas penas*[57] e *Bisa Bia, Bisa Bel*[58], na década de 1980, que Ana Maria Machado obtém destaque maior.

A temática regionalista, rural ou nordestina também se mantém, como em *Cabra das Rocas* (1966), de Homero Homem, e *Justino, o retirante* (1970)[59], de Odete de Barros Mott. Haroldo Bruno trabalha com elementos do folclore nordestino em *O viajante das nuvens* (1975)[60] e *O misterioso rapto da Flor-do-Sereno: combate de Zé Grande, herói dos canaviais do país de Pernambuco contra o monstro Sazafrás, de antiga e negra memória* (1979)[61]. Joel Rufino dos Santos trabalha tanto com temas folclóricos quanto com temas ligados à história do nosso país. Alguns exemplos que dão idéia da dimensão de sua escrita são: *O curumim que virou gigante* (1980), *Histórias de Trancoso* (1983), *Cururu virou pajé* (1984).

Mas, nesse momento inicial de oscilação entre o tradicional e o moderno, autores de renome incorrem no que Edmir Perrotti chama de "utilitarismo às avessas". Como exemplo desse utilitarismo, Perrotti em *O texto sedutor na literatura infantil* analisa três obras, de três autoras consagradas, para demonstrar que, apesar dos textos parecerem coadunar-se com os valores aceitos na época, seu discurso se mantém utilitário. É o caso de *Raul da ferrugem azul* (1979)[62], de Ana Maria Machado, *Marcelo, Marmelo, Martelo* (1976), de Ruth Rocha, e *A curiosidade premiada* (1978)[63], de Fernanda Lopes de Almeida. Do ponto de vista do conteúdo e da temática, esses livros são renovadores, mas seu discurso segue o modelo tradicional, utilitário. Apesar da valorização concedida à criança e sua criatividade, a seu conhecimento e a seu espírito crítico, o desejo das autoras, como afirma Perrotti, é passar algum ensinamento:

> *Em outras palavras, Raul da ferrugem azul pretende ensinar crianças tímidas a se defenderem. Todavia, como se trata de literatura e não de pedagogia, o ensinamento não deve aparecer no texto de forma explícita demais, atitude condenada a partir dos anos 70. O recurso utilizado é, então, a manipulação dos registros (narrativa/discurso) criando no leitor a ilusão de que não se trata de um ensinamento, até o final, quando este já está dado e o jogo pode explicitar-se[64].*

Claro que muitos outros textos também apresentam essas características indicativas de momento de mudança. Mas, aos poucos, esse acento utilitário desvanece-se e é definitivamente substituído pelo discurso estético.

Os temas tratados agora são mais atuais, relacionados a problemas enfrentados pela sociedade contemporânea, e são abordados de forma direta e concisa. A temática da sexualidade, por exemplo, vem sendo discutida com mais freqüência em obras como *O menino e o pinto do menino* (1975)[65] e *Os rios morrem de sede* (1976)[66], de Wander Piroli. Também é o caso de Domingos Pellegrini em *O primeiro canto do galo* (1979) e Marisa Mokarzel em *Caracol tirou o casco, serpente aproveitou* (1986)[67]. Em todos esses textos existe, é claro, ainda uma preocupação formativa.

O tema das injustiças sociais está presente na escrita de Carlos Marigny em *Lando das ruas* (1975) e de Henry Corrêa de Araújo em *Pivete* (1977). Eliane Ganem também trata do mesmo tema em *Coisas de menino* (1978).

Um tema pouco abordado em épocas anteriores é o preconceito racial com relação ao negro e ao índio. Ary Quintella nos brinda com *Cão vivo, leão morto era apenas um índio* (1980)[68].

Ângela Lago, por exemplo, está presente desde a década de 1980, inicialmente como ilustradora e, logo em seguida, como escritora. Seus trabalhos são belíssimos, todos ligados à reelaboração de histórias folclóricas e populares, ricamente ilustradas por ela. *Uni, duni e te* (1982)[69] é exemplo de um de seus trabalhos intertextuais bastante apreciado pelo leitor.

O humor é outro elemento presente em muitos autores, mas citaremos apenas alguns, como Elvira Vigna com *A breve história de Asdrúbal, o Terrível* (1978), Edy Lima com *A vaca voadora* (1972), e Sylvia Orthof com *Mudanças no galinheiro mudam as coisas por inteiro* (1981)[70] e *Os bichos que tive* (1983)[71], apesar de sabermos do grande número de criações dessa autora, inclusive de textos teatrais.

Muitos gêneros e estilos vêm-se delineando nessa diversidade cultural dos anos 1970 e 1980. Há uma proliferação de livros policiais e de ficção, gêneros fortalecidos pela indústria cultural. O estudioso Edmir Perrotti salienta, por exemplo, o valor do escritor paulista João Carlos Marinho com *O caneco de prata* (1971), dizendo ser este "o verdadeiro divisor de águas na literatura brasileira para crianças e jovens"[72].

João Carlos Marinho foi reconhecido por sua originalidade no tratamento inovador da narrativa. Nessa mesma linha policialesca, o autor publicou outros livros: *Berenice detetive* (1986), *O gênio do crime* (1969), *Sangue fresco* (1982), *O livro de Berenice* (1984)[73] e muitos outros. Dessas obras, *O gênio do crime*, lançado em 1969, foi para as telas de cinema em 1973 e continua entre os mais vendidos do Brasil. Na linha do romance policial sobressaem-se ainda Marcos Rey, Paulo Rangel e alguns outros. Marcos Rey tem uma infinidade de textos, por isso citam-se apenas alguns, como *O rapto do garoto de ouro* e *O mistério do cinco estrelas*, ambos publicados na década de 1980. Paulo Rangel criou uma série de aventuras que têm como personagem principal um jornalista com ares detetivescos. Eliane Ganem atinge a perfeição de uma Agatha Christie com a obra *O outro lado do tabuleiro* (1984).

O certo é que na década de 1980 houve um crescimento ainda maior do número de títulos destinados a crianças e jovens no mercado editorial brasileiro, segundo o Boletim Informativo do Sindicato Nacional dos Editores de Livros (SNEL). Houve também um aprofundamento da postura crítica, de denúncia e de paródia, além de uma maior diversificação das temáticas. O folclore continuou sendo bastante trabalhado, assim como a ênfase no negro e no índio foi mantida. Além disso, houve o interesse em procurar ativar a memória do povo e a identidade nacional. Surgem, então, novos autores.

Marisa Lajolo e Regina Zilberman vêem, nesse momento, um estágio de maturidade alcançado na década de 1980 pela literatura infanto-juvenil brasileira, em que há preferência pela elaboração de textos para jovens. Além disso, os livros não só representam uma documentação crítica da realidade brasileira, como apresentam uma interação com os elementos de comunicação de massa e um esforço de renovação poética.

Marina Colasanti é outra figura importante na década de 1980 com seus trabalhos intertextuais, inspirados no século XVI, e de abordagem cultural e reflexiva sobre o universo feminino. São textos extremamente simbólicos e poéticos. Ela relê os arquétipos para caracterizar a nova mulher e vem desenvolvendo um trabalho primoroso de sensibilidade acústica e visual desde 1979. Entre eles destacam-se alguns como *Uma idéia toda azul* (1979) e *Doze reis e a moça no Labirinto do Vento* (1982).

João Ubaldo Ribeiro, escritor baiano e reconhecido pelo público, desde 1983 tem escrito livros interessantes e de muito humor direcionados ao público infantil e juvenil. *Vida e paixão de Pandonar, o Cruel* (1980)[74] foi escrito para um projeto didático denominado "Vamos ler, ouvir, falar, escrever". É um romance original e divertidíssimo que tem feito sucesso no meio escolar, pela identificação do adolescente com a personagem principal da história. Já o título *A vingança de Charles Tiburone* (1990), apesar de bem-humorado, denuncia a ausência de identidade do brasileiro que copia tudo que vem de fora, do estrangeiro, o que serve de reflexão para o jovem.

Stela Maris Rezende é outra escritora que se sobressai pelo trabalho com a linguagem e a temática bem próxima do gosto e do interesse do jovem leitor. Ela sempre descreve com muita graça os sentimentos do adolescente na sua busca de identidade. Mas a expressão maior da literatura infanto-juvenil na década de 1980 é, reconhecidamente, Lygia Bojunga, não só pelo alto nível literário e organização ficcional, mas pela linguagem específica e a variedade temática utilizada, conforme atestam Laura Sandroni e o prêmio Hans Christian Andersen que a escritora recebeu pelo conjunto de sua obra.

Em relação à poesia, Mário Quintana, na década de 1970, mantém o sabor poético com seu inesquecível *Pé de Pilão* (1975). Há, nessa época, um surto de bons poemas. Agora, sim, os poemas perderam o tom cívico e pedagógico para incorporar temas característicos do Modernismo. A poesia se coloquializa e o sentido lúdico é aliado ao poético. Vinicius de Moraes, poeta modernista, fez sucesso com seus poemas, alguns reunidos em *A Arca de Noé* (1971). Alguns exemplos mais recentes são Roseana Murray, *Classificados poéticos* (1984), José Paulo Paes, *É isso ali* (1984), Bartolomeu Campos Queirós, *Pedro* (1977), Sérgio Capparelli, *Boi da cara preta* (1983), Ulisses Tavares, *Caindo na real* (1984), Wânia Amarante, *Cobras e lagartos* (1983), Pedro Bandeira, *Cavalgando o Arco-íris* (1984) e muitos outros.

Maria Clara Machado, autora de inúmeras peças teatrais e fundadora do teatro Tablado, uma espécie de teatro-laboratório, juntamente com Martim Gonçalves em 1953, não só trabalhou na adaptação de textos clássicos da literatura infantil como também escreveu várias peças breves do tipo folclórico. Seus textos apresentam ação rápida, diálogos curtos, poucas personagens em cena e exploração do qüiproquó ou do absurdo, recursos que envolvem o expectador pela comicidade. A partir dos anos 1960, Maria Clara passa a criar seus próprios textos. Tatiana Belinky e Sylvia Orthof também têm alguns trabalhos no âmbito teatral. Além do teatro, Tatiana Belinky faz traduções, conta histórias e adapta contos populares estrangeiros até hoje. É uma autora bastante interessante para a época por sua diversidade de trabalhos. Entre outras atividades, criou e produziu a revista *Teatro da Juventude*. Desde 1949, escreve peças e faz adaptações de texto para o teatro infantil. É dela a primeira adaptação do Sítio do Pica-pau Amarelo para a televisão.

Notas do capítulo

[1] ARIÈS, Philipe. *História social da criança e da família*. Trad. Dora Flaksman. Rio de Janeiro: Zahar, 1979.

[2] PERROTTI, Edmir, op. cit., p. 37.

[3] MEIRELES, Cecília. *Problemas da literatura infantil*. 3ª ed. Rio de Janeiro: Nova Fronteira, 1984.

[4] SANDRONI, Laura, op. cit., p. 13.

[5] CALVINO, Italo. *Seis propostas para o próximo milênio*. Trad. Ivo Barroso. São Paulo: Companhia das Letras, 1990.

[6] ARROYO, Leonardo. *Literatura infantil brasileira*. São Paulo: Melhoramentos, 1968.

[7] COELHO, Nelly Novaes. *Panorama histórico da literatura infanto-juvenil.* 3ª ed. São Paulo: Quíron, 1985.

[8] O provável autor de *Sendebar* é o filósofo indiano Sendabad. É interessante ressaltar que *As aventuras de Simbad, o Marujo* tiveram sua origem em Sendebar.

[9] A narrativa oriental *Barlaam e Josafat* influenciou sobremaneira a história *El conde de Lucanor*, de D. Juan Manuel.

[10] *As mil e uma noites* só começaram a ser divulgadas no mundo europeu pela tradução de Antoine Galland, estudioso francês, por volta de 1704.

[11] COELHO, Nelly Novaes, op. cit.

[12] Maiores detalhes sobre a origem desses textos em COELHO, Nelly Novaes, op. cit. A autora relata ter baseado seus estudos em Menendez Pelayo por meio da obra *Orígenes de la novela.*

[13] JOLLES, André. *Formas simples.* Trad. Álvaro Cabral. São Paulo: Cultrix, 1976.

[14] SOUZA, Gloria Pimentel Correia Botelho. CD Rom/Britannica (2000).

[15] CARVALHO, Bárbara Vasconcelos. *A literatura infantil: visão histórica e crítica.* 2ª ed. São Paulo: Edart, 1982, p. 43.

[16] Talvez sua publicação tenha ocorrido por volta de 1600, ou postumamente, entre os anos de 1634 e 1636, ou surgido apenas em 1647, uns cinquenta anos antes de Charles Perrault.

[17] Segundo apreciações de PENTEADO, J. Roberto. *Os filhos de Lobato: o imaginário infantil na ideologia do adulto.* Rio de Janeiro: Qualitymark/Dunva, 1997.

[18] CARVALHO, Bárbara Vasconcelos, op. cit., p. 35.

[19] HOLANDA, Sérgio Buarque de. *Raízes do Brasil.* São Paulo: Companhia das Letras, 1995.

[20] COUTINHO, Afrânio, op. cit., v. 1, p. 11.

[21] HOLANDA, Sérgio Buarque de, op. cit., p. 31.

[22] CANDIDO, Antonio. "Prefácio". In: HOLANDA, Sérgio Buarque de, op. cit., p. 12.

[23] Idem, ibidem, p. 13.

[24] COUTINHO, Afrânio, op. cit., v. 4, p. 341.

[25] Dados sobre leitores, leitura e livros foram retirados de SOUZA, Laura de Mello (org.). *História da vida privada no Brasil: cotidiano e vida privada na América Portuguesa.* São Paulo: Companhia das Letras, 1998, p. 360.

[26] PILETTI, Nelson. *História da educação no Brasil*. São Paulo: Ed. do Brasil, 1977, p. 33. Segundo ele, os jesuítas "mantiveram 36 missões, escolas de ler e escrever em quase todas as povoações por onde se espalhavam suas 25 residências, além de 18 estabelecimentos de ensino secundário, entre colégios e seminário, localizados nos pontos mais importantes do Brasil (...)".

[27] COUTINHO, Afrânio, op. cit., v. 4, p. 342.

[28] SOUZA, Laura de Mello, op. cit., p. 348.

[29] COUTINHO, Afrânio, op. cit., v. 3, p. 5.

[30] AQUINO, Rubim Santos Leão de, et al. *Sociedade brasileira: uma história através dos movimentos sociais*. 2ª ed. Rio de Janeiro: Record, 2000.

[31] Conforme afirmado na introdução, a divisão dos períodos e a nomenclatura utilizada neste estudo são fruto das pesquisas e das leituras realizadas, e pretende apenas precisar, de alguma forma, os momentos a ser estudados. A opção é por uma marcação cronológica, aliada ao significado dos passos dados pela produção infanto-juvenil brasileira.

[32] Os prefácios desses livros representam um outro estudo e demonstram a idéia de eficácia e funcionalidade da literatura infanto-juvenil do período.

[33] Escreveu este livro juntamente com João do Rio.

[34] É dele, por exemplo, o artigo intitulado "A arte de escrever para a infância". In: OLIVEIRA, Antenor Santos de. *Curso de literatura infantil*. São Paulo: Santos de Oliveira, s. d.

[35] AZEVEDO, Fernando. "A formação e conquista do público infantil". In: A *Educação e seus problemas*. 4ª ed. São Paulo: Melhoramentos, 1968.

[36] Exemplo de uma de suas publicações foi "Como aperfeiçoar a literatura infantil". In: CRUZ, Marques da. *História da literatura*. São Paulo: Melhoramentos, 1957.

[37] SANDRONI, Laura, op. cit., p. 10.

[38] ABRAMOVICH, Fanny. *O estranho mundo que se mostra às crianças*. São Paulo: Summus, 1983. Segundo ela, esse é o verbo primeiro da literatura infantil (artigo publicado no *Jornal da Tarde*, São Paulo, 01/7/78).

[39] Em 1972, a Unesco – nas comemorações do Ano Internacional do Livro/1972 – selecionou livros de 57 países, com o objetivo de informar o que de melhor estava sendo escrito para crianças e jovens até 14 anos, indicando dez livros de cada país, livros que fossem "de excepcional valor e capazes de contribuir para uma melhor compreensão entre os

povos". Entre os dez melhores livros brasileiros estão *O boi Aruá* e *Proezas do menino Jesus*. (N. E.)

[40] Primeiro prêmio do Concurso de Literatura Infantil do MEC.

[41] Recebeu o prêmio Monteiro Lobato da Academia Brasileira de Letras.

[42] Em dezembro de 1966, sua *Antologia poética* recebeu o prêmio Fernando Chinaglia.

[43] PERROTTI, Edmir, op. cit., p. 11.

[44] Orígenes Lessa obteve prêmio especial pelo conjunto de sua obra.

[45] Para facilitar a visão de conjunto do leitor, com relação à premiação obtida por alguns autores e obras mencionadas a partir daqui, preferiu-se fazer as devidas referências nas notas. Observa-se que nem todos os livros citados foram premiados, mas, coincidentemente, muitos dos mencionados mereceram esse agraciamento.

[46] Com esses livros recebeu o prêmio Brasília de Literatura Infanto-Juvenil em 1971, o prêmio Fernando Chinaglia, em 1979, e o prêmio Monteiro Lobato, em 1981.

[47] Considerado "Altamente Recomendável para o Jovem" (1984) – FNLIJ.

[48] Considerado "Altamente Recomendável para o Jovem" (1982) – FNLIJ.

[49] Considerado "Altamente Recomendável para o Jovem" (1989) – FNLIJ.

[50] Considerado "Altamente Recomendável para o Jovem" (1988) – FNLIJ.

[51] Prêmio Calunga da Companhia Editora Nacional. (1971).

[52] Considerado "Altamente Recomendável para a Criança" (1978) – FNLIJ.

[53] Considerado "Altamente Recomendável para a Criança" (1987) – FNLIJ.

[54] Considerado "Altamente Recomendável para a Criança" (1978) – FNLIJ.

[55] Considerado "O Melhor para a Criança" (1981). Prêmio Ofélia Fontes – FNLIJ.

[56] Esse livro recebeu o prêmio João de Barros (1977) e, no ano seguinte, o prêmio Jabuti (Câmara Brasileira do Livro).

[57] Considerado "O Melhor para o Jovem" (1981) – FNLIJ.

[58] Considerado "O Melhor para o Jovem" (1982) – FNLIJ. Além disso, recebeu menção honrosa no prêmio Crefisul.

[59] Em 1972, seu nome foi indicado para a Lista de Honra do IBBY. Além disso, recebeu o prêmio Monteiro Lobato da Academia Brasileira de Letras.

[60] Considerado "Altamente Recomendável para a Criança" (1975) – FNLIJ.

[61] Considerado "Altamente Recomendável para o Jovem" (1979) – FNLIJ. Recebeu também o prêmio Melhor Autor no 1° Concurso de Literatura da Revista Escrita.

[62] Considerado "O Melhor para a Criança" (1979) – FNLIJ.

[63] Considerado "Altamente Recomendável para a Criança" (1978) – FNLIJ.

64 PERROTTI, Edmir, op. cit., p. 124.
65 Considerado "Altamente Recomendável para a Criança" (1975) – FNLIJ. No mesmo ano, recebeu menção honrosa no prêmio da APCA.
66 Recebeu o prêmio APCA (1976) e o prêmio Jabuti (1977), na categoria juvenil.
67 Considerado "O Melhor para a Criança" (1986) – FNLIJ. Tirou o segundo lugar no prêmio Bienal Nestlé.
68 Considerado "Altamente Recomendável para o Jovem" (1980) – FNLIJ. Agraciado com o Grande Prêmio da Crítica – APCA (1980).
69 Considerado "O Melhor para a Criança" (1982) – FNLIJ. Também agraciado com o prêmio João de Barro (1981) – FNLIJ. Recebeu menção honrosa no 1º Concurso de Literatura Infantil da Revista Escrita.
70 Considerado "Altamente Recomendável para a Criança" (1980) – FNLIJ e prêmio Revelação Autor da APCA (1981).
71 Prêmio de ensaio da APCA (1983).
72 PERROTTI, Edmir, op. cit, p. 12.
73 Com o livro *Sangue fresco*, o autor ganhou o prêmio Jabuti (1982) e o Grande Prêmio da Crítica e do Júri da APCA (1982).
74 Agraciado com o prêmio Orígenes Lessa "O Melhor para o Jovem" (1983) – FNLIJ.

3

A LITERATURA INFANTO-
JUVENIL BRASILEIRA
NOS ANOS 1990

TENDÊNCIAS GERAIS

Nos dois capítulos anteriores, apresentaram-se retrospectivas históricas, avaliações de um caminho já trilhado e definições de obras já conhecidas do público e dos teóricos de modo geral. Os problemas concernentes às discussões propostas foram abordados de forma satisfatória: traçou-se um quadro da evolução da literatura comparada para mostrar as transformações por que ela passou até incluir a literatura infanto-juvenil em seus estudos e apresentou-se um histórico da literatura brasileira destinada a crianças e jovens, totalizando-se o redimensionamento de seu valor.

Resta agora o mais difícil: selecionar do meio literário e apresentar, para a comprovação da afirmação da qualidade dessa literatura dirigida à criança e ao jovem, algumas obras e autores que se destacaram nos últimos dez anos. O receio está em cometer alguma injustiça, deixando de incluir algum escritor de grande valor. É certo, porém, que isso irá acontecer, pois foi necessário efetuar um corte, escolhendo como *corpus* de estudo apenas cinco autores, já que, por uma questão bastante prática e objetiva, não seria possível proceder de outra forma.

É necessário ressaltar que, embora se saiba da existência de um veio de nossa cultura assinalado pela mídia, da prontidão com que as satisfações pessoais do público leitor são atendidas pelas editoras, de todo um direcionamento político-cultural apresentado pela instituição escolar e pelas tendências editoriais do momento atual, isso tudo não foi levado em consideração para a escolha de obras e autores do presente estudo. Apenas o aspecto literário teve relevância nessa escolha.

Por outro lado, também há o risco de não haver distanciamento para uma avaliação mais isenta, quando se estuda e avalia o presente, além do fato de o mundo ter mudado muito rapidamente nos últimos anos. Falar de tendências, portanto, pode significar falar de um terreno altamente variável, principalmente quando ainda se vive o presente que se deseja discutir. Outro aspecto que torna as apreciações questionáveis é o fato de a literatura infanto-juvenil ser uma produção ligada ao mercado e, em conseqüência, haver uma grande produção de livros – alguns de má qualidade, mas que apresentam vendagens consideráveis.

A riqueza da produção literária para crianças e jovens, na década de 1990, é incontestável e, entre os que se destacam, optou-se por alguns autores cuja escrita demonstra harmonia literária e linguagem bem trabalhada e adequada ao público a que se destina. Encontram-se nesse caso os autores Lygia Bojunga, Paulo Rangel, Lia Neiva, Jorge Miguel Marinho e Luciana Sandroni.

Entre os critérios adotados para essa seleção entram, sem sombra de dúvida, o gosto pessoal do pesquisador, sua experiência como leitor e as diversas articulações dos textos, tendo como referência o passado e o caminho empreendido por essa produção literária que demonstram o amadurecimento alcançado atualmente. A proposta é ora observar o passado e o que foi produzido, ora olhar para o presente como quem avalia o caminho percorrido.

Na década de 1990, a literatura infanto-juvenil continuou a prosperar, mas o aspecto literário passou a exercer papel cada vez mais preponderante. A preocupação primeira dos escritores deixou de ser a educação ou a exemplaridade, embora essas características se tenham mantido em alguns textos de cunho mais didático.

O número de livros e autores continuou crescendo juntamente com o aumento do número de leitores. Nesse moto-contínuo, a intenção das editoras tem sido oferecer o produto certo para cada tipo de público. E, nesse sentido, todas as fatias do mercado têm sido beneficiadas. Por isso, os livros têm variado muito de conteúdo e essa temática multifacetada tem possibilitado a adequação às necessidades da escola e aos mais variados grupos de leitores. Por meio da produção de caráter mais didático, essa literatura continua auxiliando a escola na formação do cidadão/leitor. Observa-se que, se a tendência de um grupo está voltada para valores éticos e morais, por exemplo, a produção literária se encaminha nessa direção. Nesse caso, os livros tratam de assuntos ligados à ética, à orientação sexual, à pluralidade cultural, ao trabalho e ao comportamento. Os valores éticos e morais sintetizados nos Parâmetros Curriculares Nacionais (PCNs) servem de assunto para as mais diversas abordagens que podem ser utilizadas pelo professor. E o governo tem assumido o seu papel na política cultural da leitura procurando fomentá-la com a compra de livros didáticos e literários para as escolas públicas.

No entanto, mais uma vez é necessário lembrar que o interesse aqui está voltado para as obras literárias brasileiras de elevado teor estético dirigidas a crianças e jovens e que representam uma grande parcela do mercado editorial no Brasil.

Os escritores que publicaram na década de 1990, em sua maior parte, iniciaram sua vida literária nas décadas de 1970 e 1980. Ao longo desse tempo, o que se observa é a maturidade alcançada por alguns. E, embora eles sejam muitos e estejam inseridos num mesmo contexto, existem diferenças na construção da trama, no desenrolar do tema, na utilização da linguagem e do vocabulário. E, se na década de 1970 a presença de Lobato era bem viva, hoje ela é referência, marco, e fecundamente se desenvolveu, assumindo outras facetas bastante diversas da do original Lobato.

Há livros cuidadosamente elaborados e geralmente voltados para a análise e a reflexão da cultura brasileira, identidade e história do Brasil, desdobradas, na maior parte das vezes, em aventuras e suspense. Rogério Andrade Barbosa, Marcos Rey e muitos outros percorrem essa trilha composta de mistério e aventuras. Ainda na linha do romance policial, histórias como as escritas por sir Conan Doyle, o criador do detetive Sherlock Holmes, também não deixam de ser traduzidas e adaptadas continuamente.

As adaptações dos grandes clássicos mundiais e nacionais, como O *conde de Monte Cristo*, de Alexandre Dumas, ou a obra completa de William Shakespeare, são mantidas pelas editoras por fazerem muito sucesso e representarem vendagem considerável.

Os livros com base em histórias folclóricas animam a diversidade de opções oferecida aos leitores. Ricardo Azevedo, Ciça Fittipaldi e Ângela Lago representam muito bem esse trabalho de adaptação e criação. As paródias são campo de fértil elaboração. Também nunca foram escritas tantas biografias quanto agora.

Isabel Vieira destaca-se com *Em busca de mim* (1990), bem como Eva Furnari com *A menina e o dragão* (1990) e Graça Lima com seu traço gráfico também é destaque nessa época. Inicialmente, Graça Lima dedicou-se à ilustração, tornando-se agora também escritora. *Noite de cão* (1991) é um de seus livros premiados. Ângela Lago continua trabalhando com graça e humor. Exemplos disso são *Sua Alteza, a Divinha* (1990), *De morte* (1992), *Cântico dos cânticos* (1995) *e Charadas macabras* (1995). A prosa poética de Bartolomeu Campos Queirós se mantém com seu livro *Minerações* (1991), e a de Marina Colasanti também, com *Entre a espada e a rosa* (1992).

No campo da poesia há uma diversidade de trabalhos em que os quesitos ludismo e metalinguagem ocupam papel fundamental. Alguns autores como Roseana Murray, Ulisses Tavares e Elias José continuam destacando-se por sua criatividade e traço poético. A busca da identidade e o resgate da origem e da memória representam trabalhos poéticos de extrema relevância, assim como a reinvenção de cantigas populares, que contribui para a lembrança do passado. O apelo à originalidade gráfica do poema e o jogo entre a idéia e sua representação verbal estruturada em imagem são lugares poéticos comuns atualmente.

OBRAS E AUTORES QUE SE DESTACAM PARA ANÁLISE

Os cinco autores selecionados para estudo são: Lygia Bojunga, Pedro Paulo Rangel, Lia Neiva, Jorge Miguel Marinho e Luciana Sandroni. Eles são possuidores de características comuns que os aproximam. São pessoas sensíveis, perceptíveis às transformações que estão ocorrendo em nosso tempo e em nosso espaço e, por isso, profundamente impregnadas do contexto cultural brasileiro. São extremamente criativas, sedutoras e dominam perfeitamente a técnica da escrita. E sabem da necessidade de informar e formar o leitor brasileiro, principalmente o leitor jovem. Enquanto a distância entre eles é promovida pelo tipo de texto produzido, estilo pessoal e estratégia, sua proximidade está na unidade ou organização ficcional que apresentam. O aspecto literariedade, portanto, é comum a todos.

Lygia Bojunga, por exemplo, no romance *A cama*, retrata fielmente o ritmo da vida do homem moderno, explorando sua alma apaixonadamente e comprovando ser o romance um dos gêneros literários mais importantes da era moderna, um gênero do qual diz Forster que "a intensa, sufocante qualidade do romance é a sentimentalidade (que poderá dizer lá no fundo: Oh, mas como eu gosto disto)"[1]. Paulo Rangel também trilha o mesmo caminho de sedução por meio da exposição disfarçada da teoria do romance policial e do questionamento do gênero como literatura, oferecendo ao leitor suspense e atiçando-lhe a curiosidade. Ele promove um jogo intelectual em *O assassinato do conto policial,* onde a imaginação e a inteligência também são instigadas à curiosidade. A surpreendente Lia Neiva, por meio de seus contos ligados ao realismo fantástico, aprofunda toda essa idéia intrincada de ações que se sucedem e extrapola o senso comum ao causar certo estranhamento na narrativa quando o enigma é descoberto. Assim, como no caso do enigma da esfinge, a resposta para ela está no próprio homem e na palavra de que ele se apropria. O poder das palavras é muito bem redimensionado aqui, não mais como uma profecia, como em Lygia Bojunga, ou como prenunciadora de pistas, como em Paulo Rangel, mas como um jogo entre as palavras cujo sentido e apreensão correta poderiam ter prevenido uma ação violenta, cruel e bárbara. Já Jorge Miguel Marinho, ao explorar a biografia romanceada do modernista Mário de Andrade em *Te dou a lua amanhã...*, mantém o humor e a poesia do autor, enquanto Luciana Sandroni presentifica e atualiza as aventuras e a fantasia contidas no texto de Lobato em *Minhas memórias de Lobato.*

Portanto, embora cada um dos livros escolhidos fale por si e apresente unidade nas suas diversas formas de escrita, seja livro de aventuras, biografia, conto, romance ou narrativa policial, a ligação entre eles está na observação de determinadas características comuns. E uma das peculiaridades comuns a essas obras, por exemplo, está na intertextualidade a que remetem, em abordagens sempre bastante dinâmicas e bem articuladas. Esse trabalho intertextual pode restringir-se ao fato de remeterem ou simplesmente se referirem ao passado de um escritor ou a obras já publicadas, como acontece em *Te dou a lua amanhã...*, por exemplo, que é a lembrança perfeita de Mário de Andrade, de sua afetividade e produção literária numa linguagem bastante poética. *Minhas memórias de Lobato* trata da memória do escritor Monteiro Lobato e cumpre um papel de atualização de sua obra, já que a narração da história se dá por uma de suas personagens mais polêmicas – a boneca Emília. Mas o trabalho intertextual também pode estar presente quando se tematizam valores impregnados no inconsciente coletivo de um povo, como no romance *A cama*, de Lygia Bojunga, ou até mesmo quando se discutem os aspectos considerados pertinentes ao gênero romance policial. Além desses aspectos, a técnica utilizada por cada um dos escritores enaltece o brilho literário de cada obra. *A gata do rio Nilo* é tecnicamente o modelo dos diversos estilos de época por que fomos representados literariamente até este momento no Brasil, um trabalho refinado de vocabulário, sintaxe e temática, na linha do realismo fantástico. *O assassinato do conto poli-*

cial se pergunta sobre o fato de o romance policial sempre ter sido questionado como gênero e da impossibilidade de exterminá-lo e *A cama*, de Lygia Bojunga, traduz a força do amor como arma potencial para o "querer" e o "poder fazer". A identidade, uma das marcas temáticas de Lygia Bojunga, está singularmente presente nessa obra.

A PRODUÇÃO LITERÁRIA DE LYGIA BOJUNGA

Este estudo se inicia pela apresentação da produção literária da premiadíssima Lygia Bojunga, não só por ser uma das escritoras pertencentes ao grupo de artistas que iniciaram sua produção literária na década de 1970, mas também por manter lugar de destaque nessa literatura até hoje.

Seus livros têm sido altamente recomendados pela crítica nacional e internacional, bastando observar o número de premiações e traduções para diversas línguas, como o alemão, o francês, o espanhol, o sueco, o norueguês, o islandês, o holandês, o dinamarquês, o japonês, o catalão, o húngaro, o búlgaro e o finlandês.

Em 1971, Lygia Bojunga estréia com o livro intitulado *Os colegas*[2] e, desde então, são 35 anos de produção literária intensiva. Em 1982, dez anos depois de haver iniciado sua carreira literária, Lygia Bojunga ganha o prêmio máximo em literatura infanto-juvenil, o Hans Christian Andersen, pelo conjunto de sua obra[3]. Por essa época, ela já havia publicado *Os colegas*, *Angélica* (1975), *A bolsa amarela* (1976), *A casa da madrinha* (1978), *Corda bamba* (1979) e *O sofá estampado* (1980).

Nessa época, os membros do júri atestaram o seu valor afirmando o seguinte:

> *É um dos autores mais originais que já tivemos a oportunidade de ler. Tem uma linguagem absolutamente própria, que prende o leitor. E cada frase tem uma mensagem subjacente.*
>
> *A riqueza de suas metáforas é espantosa, bem como seu domínio técnico na elaboração da narrativa e na perfeita fusão do individual e do social.*
>
> *Nenhum dos outros concorrentes apresenta tantas condições de contribuir de maneira duradoura para a literatura infantil, nem tanta capacidade de influenciar os outros. Estamos diante de algo que é absolutamente novo[4].*

Ainda hoje os críticos confirmam que sua contribuição para a literatura infanto-juvenil brasileira é valiosa, pois o conjunto de sua obra apresenta caráter altamente estético. A autora demonstra criatividade e domínio técnico na organização e na dinâmica interna da narrativa. A linguagem é adequada ao público infantil e juvenil. A aproximação da linguagem com a oralidade, os neologismos criados pela autora, o caráter lúdico e a fantasia existentes em seus textos permitem uma identificação com o leitor.

Foram esses os aspectos encontrados em sua obra e que na década de 1980 tornaram possível sua comparação com Monteiro Lobato[5], iniciador de uma postura nova para a literatura dirigida a crianças e jovens brasileiros na década de 1920.

Lobato dá à linguagem um tratamento original e não só busca a fala brasileira como procura manter o tom de oralidade, uma das características do Modernismo, com a intenção de travar uma aproximação mais direta com o leitor infantil e juvenil. Estavam entre suas preocupações melhorar a qualidade dos textos lidos pelas crianças e priorizar o ensinamento por meio do conhecimento e da leitura. Talvez, por isso, se explique o grande número de adaptações de clássicos elaboradas por ele. Humor, ironia e crítica social são marcas da modernidade da qual ele é o precursor. Da mesma forma, o lúdico e a fantasia estão presentes em seus escritos. O folclore é um tema freqüente em sua obra não só pelas adaptações de lendas, mas também por meio de personagens como dona Benta, tio Barnabé etc. Suas preocupações com as questões sociais da época trouxeram novas temáticas para a leitura das crianças. Há marcas de intertextualidade em seus escritos por meio da reinvenção de histórias com personagens das *Histórias da Carochinha*, por exemplo. E, mais do que isso, Lobato conferiu à narrativa um tratamento ficcional numa época em que a preocupação primeira ainda era com a exemplaridade.

De certa forma, Lygia Bojunga apresenta todos os aspectos mencionados acima, mas em nenhum momento em sua obra encontra-se a preocupação com o ensinamento. Outro dado interessante que a distancia de Lobato é o fato de sua escrita tornar-se cada vez mais introspectiva, demonstrando que suas preocupações são, basicamente, de cunho existencial e social.

É possível, portanto, entrevê-los, Lobato e Bojunga, como inovadores no seu fazer literário, mas com características próprias nesse fazer. Ambos se encontram arraigados ao seu tempo, preocupados com a adequação da linguagem para crianças e jovens, mas com suas diferenças de estilo. Lobato está muito mais absorvido pelo pedagógico e pela reflexão dos princípios sociais, enquanto Lygia Bojunga, em todo o conjunto de sua obra, está preocupada com as questões existenciais que envolvem o ser humano.

Lobato continua sendo modelo de uma época que perdurou durante 50 anos e ainda é referência, mas entre ele

e Bojunga corre uma distância singular, marcada por um novo contexto histórico e cultural, o que confere matizes novos e diversos ao fazer literário.

O amadurecimento a que chegou Lygia Bojunga no trato do literário altera as fronteiras que delimitavam até bem pouco tempo a literatura infanto-juvenil e a literatura dirigida a adultos. Com o estudo de um de seus últimos romances, *A cama* (1999), objeto de análise deste capítulo, fica bem claro o alargamento dessas fronteiras.

A estrutura de suas histórias obedece quase sempre a um mesmo padrão: são pequenas histórias dentro de uma história maior. Isso acontece em quase todos os seus livros e demonstra que a autora é uma excelente contadora de história. Nessa técnica do contar, a autora consegue manter o leitor sempre à espera do acontecimento seguinte.

Com relação à temática abordada, são recorrentes os temas ligados à infância e aos problemas de crescimento da criança, assim como temas ligados à adolescência e aos conflitos e problemas existenciais de que é cercado o jovem. Exemplo dessa afirmação está em um de seus últimos livros, *Seis vezes Lucas* (1995)[6], que trata da apresentação das dificuldades enfrentadas por um menino: o medo de ficar sozinho, o desejo frustrado de ter um cachorro, a paixão pela professora ao lado das desavenças e as traições entre os pais. A temática da liberdade do ser humano é bem delineada e o arbítrio do leitor é que finaliza a suposta história de adultério.

Outro aspecto encontrado em sua obra é a abordagem de alguns dos valores esquecidos atualmente pela humanidade e que são essenciais na formação do ser humano. Os livros *Corda bamba, O sofá estampado, O meu amigo pintor* (1983)[7] e *Tchau* (1984)[8], por exemplo, trabalham questões existenciais como o amor, a vida e os anseios secretos do ser humano. Já *A casa da Madrinha* discute a imposição e a violência que a instituição escola pode provocar no aluno quando os interesses dos adultos estão comprometidos apenas com uma política educacional disfarçada de qualidade. O interessante, em sua abordagem, é que a solução para esses conflitos não aparece de forma definitiva. Muitas vezes cabe ao leitor a tarefa de buscar uma resposta pessoal.

Nessa linha de questionamento, entram também os problemas relativos à leitura e à escrita. Numa reflexão metalingüística, essas questões são discutidas em *O livro* (1984)[9] e *Fazendo Ana Paz* (1991)[10]. Como a própria Lygia diz, a escrita para ela é a forma de exorcizar todos os seus demônios, a explicitação de seus problemas e de suas buscas. É a palavra que pode salvar o mundo ou as pessoas.

A fantasia e a preocupação com o lúdico alicerçam a sua obra mesmo quando a temática é o questionamento da realidade. Muitas vezes a autora lança mão de animais ou objetos como personagens numa abordagem original, com muita graça e humor, para promover a identificação do leitor com o escrito.

Dos temas da infância e da crítica social, cada vez mais sua escrita é interiorizada. Talvez a temática que mais apareça em sua obra seja a busca da "identidade", pois essa tem sido questionada e procurada por suas personagens desde o início de sua escrita literária. A impressão do leitor, ao ler os livros de Lygia Bojunga, é a de um grande solilóquio traduzido nas perguntas: "Quem sou eu?", "O que escrevo?" e "Por que escrevo?". A essas perguntas que tratam da "identidade", neste mundo de hoje capitalista e consumista, Lygia procura responder com muita desenvoltura por meio de seus diversos textos. Isso acontece em seu primeiro livro *Os colegas*, uma fábula moderna em que as personagens são animais e demonstram, na sua busca de identidade, que a "união faz a força"; acontece também em *Angélica*, em que todas as personagens buscam a autenticidade, a verdade do próprio eu, devido ao conflito com os preconceitos éticos e às imposições da sociedade de consumo; e, mais ainda, em *A bolsa amarela*, por meio da personagem principal, Raquel, de sua reflexão e procura do autoconhecimento. A bolsa de Raquel destaca-se por conter dentro de si os vários conflitos interiores da personagem, seus desejos e sua afirmação como pessoa. É nesse livro que a autora dá início ao processo de interiorização da narrativa, marca de sua obra. *Corda bamba* e *Sofá estampado* continuam na mesma linha, com a interiorização da narrativa por meio da história da viagem que o protagonista empreende dentro de si mesmo. Em *A casa da Madrinha* ocorrem duas metáforas: a maleta da professora onde se escondiam pacotinhos de sonho e a própria casa da Madrinha, espaço de descoberta de si mesmo e da autoconfiança futura.

Entre as obras que não foram mencionadas temos *Nós três* (1987)[11], *Livro, um encontro com Lygia Bojunga* (1988), *O meu amigo pintor* (1989), *Paisagem* (1992)[12], *O abraço* (1995)[13], *Feito à mão* (1996) e *O Rio e eu*[14] (1999).

Existem livros que passam por nós e ficam na lembrança. Com certeza os livros de Lygia Bojunga deixam suas marcas na memória do leitor. Em *A bolsa amarela*, os desejos de Raquel não são diferentes dos desejos de qualquer um de nós. A busca da afirmação se faz presente. Em *O sofá estampado*, a personagem Vítor representa todos nós, sempre, e muito mergulhados em nós mesmos, sem espaço para os outros, quando a individualidade ganha corpo. Em *Seis vezes Lucas*, tem-se a afirmação precoce de uma criança que reflete com base nas ações dos pais. E em *A cama* há a maravilhosa sensação interior de um sentimento mais forte do que a sensação da angústia da morte: trata-se da paixão pela vida, pela preservação da memória, da identidade.

A cama

As principais peculiaridades do romance *A cama*[15], publicado em 1999, residem na sua adequada estruturação, na tessitura perfeita da trama, na simbologia de que é revestida a personagem principal e na linguagem reveladora dos diversos significados inerentes à obra.

Esse romance conta a história de uma cama antiga, pertencente a uma determinada família, que sofreu os revezes que a vida, muitas vezes, ao longo do tempo, impõe ao ser humano. A família que, outrora, possuíra riquezas, agora vivia sob extrema penúria. Isso fica claro no romance, juntamente com a idéia de ser a cama o esteio da família:

> *Isso vem vindo desde o tempo do meu tataravô: tempo que a família da gente tinha dinheiro, tinha terra, tinha gado, tinha casa, e dentro de casa tinha mobília da melhor, tudo madeira de lei. Mas meu bisavô caiu no pecado que rico cai: se tem muito ainda quer mais. Desatou a fazer negociata maluca pra ficar ainda mais rico: perdeu tudo o que tinha, e o que não tinha deixou pro filho pagar. Foi tudo sendo vendido e tomado, terra, casa, gado, foram ficando na miséria, e aí foram vendendo o que tinha dentro de casa também. Mas na hora de vender a cama, a minha bisavó empacou. Disse que o costume não podia mudar: a cama ficava sempre com a filha mais velha: pra ela conceber e parir na cama; a mais velha não parindo em cinco anos, a cama passava pra filha seguinte; e se não tinha uma seguinte, a cama ia pro primeiro filho que casava. Falou que eles tinham perdido tudo, mas que esse costume eles não podiam perder. (AC, p. 32)*

Nesse momento, Tobias, bisneto do bisavô citado, pergunta ao pai, de nome Zecão, sobre esse costume:

– *A cama tem que ficar com a gente porque você prometeu pro vô. E a tia Maria Rita também. Mas por que o vô fez tanta questão dela ficar com a gente?*

– *Porque o pai dele fez ele prometer a mesma coisa. E o avô fez o pai dele prometer. E o bisavô fez o avô dele prometer.* (*AC*, p. 32)

Mas Maria Rita, irmã de Zecão, uma das herdeiras da cama, atravessa uma difícil fase de sobrevivência e é obrigada a vendê-la, apesar de saber que o dever da família era preservar o único patrimônio que restara, conforme promessa feita ao patriarca. A cama era o último resquício de riqueza e prosperidade que a família um dia possuíra: "... perdendo a cama, a família perdia também a esperança de voltar a ter fartura e ser feliz" (*AC*, p. 14).

A situação inicial de equilíbrio é encerrada aqui com a perda desse bem precioso. Segue-se, então, o conflito principal que vai desencadear uma série de ações na tentativa de recuperação dessa cama valiosa.

A primeira unidade de ação se dá quando Maria Rita vende a cama. Maria Rita e Zecão são filhos do patriarca. Cabe a eles a incumbência de zelar pela herança. Maria Rita tenta conservar a cama consigo, mas não consegue. É vencida pela pobreza. Zecão resolve tomar a cama de volta, mas é vencido também. Na segunda unidade de ação, Elvira compra a cama para dar de presente à sua filha Rosa. A personagem Elvira tem duas filhas. Ela resolve dar a cama para a mais velha, Rosa, que está apaixonada por Jerônimos. Eles vivem juntos, mas ainda não possuem cama. Petúnia é a filha mais nova de Elvira, a que se apaixona por Tobias.

Na terceira unidade de ação, o marido de Rosa, Jerônimos, vende a cama para um antiquário. A quarta unidade de ação é representada por Elvira, que compra a cama do antiquário para vendê-la a José Américo, um velho amigo que um dia lhe telefona, pedindo-lhe que arrume uma cama para o quarto da filha. E, por último, a quinta unidade de ação ocorre quando José Américo dá a cama para Petúnia, filha de Elvira, que está apaixonada por Tobias, bisneto do patriarca, e para quem aquela prometeu reaver a cama.

Essas unidades de ação encontram-se distribuídas em pequenos capítulos e o elemento que liga todos os capítulos é o objeto "cama". Ao mesmo tempo que se encontra na memória coletiva da família, na promessa feita ao patriarca e na profecia proferida por este, ela vai participando da trama, em cada capítulo, de modo quase animizado, como expectadora. Essa é a realidade sobre a qual incidirá o vaivém da trama. A cama estava presente na lembrança de Tobias, na foto antiga que Elvira e Petúnia viram, no morro onde morava Maria Rita, no estúdio de Rosa e Jerônimos, no Jardim Botânico onde Tobias e Petúnia marcaram encontro, na indenização que Elvira pretende arrumar se vender a cama, no antiquário que sonha vender bem a cama, na idéia fixa de Petúnia que deseja satisfazer ao amado Tobias, no casarão de José Américo, enfim, na imaginação, nos encontros amorosos de todas as personagens e nos sonhos, os mais diversos.

Como observamos, a seqüência cronológica é a seguinte: há uma ação que inicia e se mantém num presente. O passado é avivado para evidenciar o costume, a promessa feita e justificar as unidades de ação apresentadas no romance. Esse fluxo contínuo é representação da própria vida com os seus tropeços e desafios.

Havia vários empecilhos para recuperar a cama. Um deles era o fato de que todos os que tinham a oportunidade de examiná-la encantavam-se por ela. A cama tinha um poder de sedução sobre quem a visse. Observamos esse detalhe por meio da fala de Elvira:

> *Foi só olhar pra essa foto que eu me apaixonei pela cama [...]*
>
> *[...] A foto é péssima e, além do mais, rasgou bem na cabeceira, olha aqui. Mas eu sou capaz de jurar que essa cama é uma raridade e que foi Deus que botou ela no meu caminho.* (AC, p. 21)

Estruturalmente, a sedução que a cama provoca nas pessoas que mantêm contato com ela aumenta conforme a sucessão dos capítulos. Dessa forma, a força desse objeto é incontestável. Todos os episódios giram em torno dela, que possui uma identidade própria, uma história que a filia a determinada família. Esse simbolismo, o fato de estar ligada a uma lembrança, à memória de uma determinada família, de certo modo também a torna sagrada, assim como identifica a família.

Envolvida numa série de peripécias, por obra da miséria e do destino, essa cama percorre caminhos que não lhe haviam sido destinados inicialmente e, por onde passa, apenas sua simples presença acaba provocando dissabores ou separações. Sua adaptação aos diversos ambientes é difícil, causando sempre desconforto às pessoas que a possuem.

Verificamos essa sensação negativa no diálogo entre duas personagens:

> *– Rosa, cama é um troço importante, é onde a gente passa grande parte da vida.*
>
> *– Eu sei, meu querido, eu sei.*
>
> *– Essa cama me choca, me ofende.*

E a Rosa dando risada.

– [...] eu não posso passar grande parte da minha vida chocado; eu me recuso a acordar todo dia ofendido. Rosa, eu que quero te amar; eu quero fazer música; eu quero ser feliz. Como é que eu vou poder? Olha pra esse estúdio! Tá tudo se encolhendo assustado: cadeira, mesa, cavalete; até o fogão tá morto de medo dessa raridade que se instalou aqui. (AC, p. 72)

Somente no último capítulo a situação é resolvida com a integração da cama ao ambiente que lhe fora destinado de início.

Constata-se, por meio desse breve relato, que os dois níveis de estruturação do romance – o nível da história, que pertence à estrutura superficial do texto, e o nível da narração, que compreende a estrutura profunda do texto – encontram-se imbricados pelo mesmo objeto, "uma cama antiga, centenária", que propiciava encantamentos. Essa sedução, portanto, se realiza nos dois níveis, pois o leitor também é seduzido pelo mesmo objeto.

No nível da história, a promessa feita ao patriarca e a possibilidade de seu não-cumprimento soam como uma maldição, enquanto o conflito provocado pela perda da cama propicia todos os acontecimentos posteriores de recuperação do objeto considerado sagrado, conforme apresentado no trecho a seguir:

Outras lembranças foram chegando. Tobias lembrou de um quarto meio escuro e de uma parede úmida, fria. Ele devia ter uns cinco anos. Estava encostado na parede; sentia a umidade nas costas. E sentia medo, que medo! Tinha uma cama grande no quarto (era ela, não é? Essa tal de cama, feito a mãe tinha falado?), e o avô estava deitado nela, estava mor-

rendo nela. [...] O avô falava de uma cama, segurando a mão
da Maria Rita e do Zecão. A Maria Rita fazia que sim com a
cabeça, e falava: prometo, pai, pode deixar, tá prometido. O
Zecão também dizia: tá prometido, a gente cuida da cama,
ela fica na família, ela vai sempre ficar. (AC, p. 14)

No nível da narração, é esse objeto, investido de caráter sacro, que permite a estruturação de todos os capítulos subseqüentes. A cama representa, portanto, o assunto, a vida, a verdadeira paixão existente no romance. Todos as peripécias acontecidas no decorrer da narrativa estão relacionadas a ela e revestidas por esse caráter sagrado, enquanto não se consuma a predestinação que está na lembrança das personagens e foi apresentada na abertura do primeiro capítulo.

A simbologia existente entre o objeto "cama", sua função, a importância que assume na história e a heroicidade de que sua imagem é investida confere ao romance um ar de paixão, paixão pela vida. Sabemos que faz parte da mentalidade popular reservar a idéia de sagrado ao objeto cama por esse ser o local de estreitamento de laços entre o casal e por dar assistência a dois momentos essencialmente significativos na vida de um homem: seu nascimento e sua morte. A cama é o local onde o ser humano passa grande parte de sua vida.

A cama, aos poucos, vai assumindo não só uma importância cada vez maior, como vai tomando conta de toda a trama sem que lhe seja dada qualquer característica que implique "voz" ou "ação". Nesse sentido, essa obra é diferente de outras elaboradas pela mesma autora e marcadas pelo "animismo", segundo o qual eram concedidas voz e ação a personagens inanimados. Nos livros *Os colegas*, *A bolsa amarela* ou *Angélica,* os objetos e animais são animados, falantes. Aqui não há mais a angústia e a ansiedade de uma personagem como Raquel, de *A bolsa amarela,* que trazia seus desejos escondidos na bolsa e disfarçados no alfinete, por exemplo. Tudo é muito definido e claro: trata-se de algo que está ligado de modo quase sagrado ao que um dia foi profetizado e destinado.

E embora a participação da cama seja meramente passiva, como convém a um objeto, ela torna-se a personagem principal da história, além de dar sustentação e unidade ao romance. O mais interessante está na "ação" concedida ao objeto "cama" no final do romance, como a comprovar a existência dessa personagem e de sua força. Na página 170, o narrador diz "A cama olhava chover". É a única vez em que é empregado um verbo de ação, como olhar, em relação ao objeto. Em todos os outros momentos, ou capítulos, a cama espera pacientemente que se cumpra a promessa feita ao patriarca da família: a cama deveria ficar sempre com a família.

É impressionante como um livro inteiro pode concentrar-se num único objeto: uma cama. E como esse objeto completamente inanimado seduz, completa, sufoca, angustia, promete, silencia todas as personagens e o leitor também. Não se trata aqui do "homem-narrativa" e de sua força e ação, a que poeticamente se referiu Todorov em seu livro *Poética da prosa*[16], mas de um "objeto-narrativa". O objeto "cama" confere harmonia e unidade à organização ficcional da obra.

Na tessitura da trama, os fios entrelaçam-se, às vezes, com pontos largos e longos, quando significam ou se referem à memória, ao ideal que se encontra na lembrança, e com fios mais finos e curtos, quando se referem ao presente, perfazendo esse vaivém que constrói uma rede de intrincados valores e significa "vida", possibilidade de vida feliz, de união, de amor e de paz. Ao lado da realidade cruel e fria da pobreza, existe o sonho, o desejo de ser feliz, de ter uma vida tranqüila e um motivo ou esperança escorado numa certa profecia ou maldição, se assim o preferir. Esses contrários, presentes na essência da vida do homem, é que mantêm viva essa narrativa.

O tratamento metalingüístico está no eixo principal do romance: a palavra é sustentáculo de uma ordem que identifica a essência da existência humana. Por meio dela, a escritora credita a uma história simples e antiga quanto a humanidade – a história da preservação de um bem material, patrimônio de uma família – um enorme significado: a própria identidade da família, sua razão de ser e perpetuação.

Do mesmo modo que a palavra tem o poder de estimular, destilar o medo pela existência vindoura, o "medo-do-não-ser" nunca mais (só para usar uma possibilidade de neologismo que Lygia Bojunga cria tão bem!), é por meio dela que se tenta refazer essa identidade.

A profecia é proferida pelo bisavô, que deseja manter a tradição. As personagens Maria Rita e Zecão são os primeiros a prometer seu cumprimento. Mais tarde, a personagem Petúnia promete ao Tobias reaver a cama:

> *[...] E, pra espanto do Tobias, segredou: te prometo que eu vou te dar aquela cama de volta.*
>
> *Tobias se apavorou:*
>
> *– Não, Petúnia, não promete nada! Por favor, não promete! (Já chegava de promessas e maldições!) Ela saltou pra dentro do ônibus reafirmando a promessa[...]* (AC, p. 106)

Nesses três momentos – profecia, promessa e cumprimento da promessa –, a palavra aparece cumprindo um ritual. E que poder a palavra contém? Ela cala, consente, assume, diverte, trai, delicadamente sugere e apaixonadamente interage em favor do melhor para a personagem/leitor.

Ao personagem Zecão cabia reaver a cama. A ele era concedida a "competência" para tal, pois ele havia prometido, e agora precisava cumprir a tarefa. Mas ele não conseguiu realizar a façanha, embora no início já demonstre o desejo de fazê-lo:

> *— Eu não deixo a Maria Rita vender a cama. De jeito nenhum! Amanhã cedo eu vou lá e trago a cama comigo. Nem que seja nas costas. Levo o Tobias junto, ele é um menino forte, vai poder me ajudar. (AC, p. 11)*

Zecão queria restabelecer a ordem, mas a promessa soava mais como imposição, seu desejo esbarrava no medo que o impulsionava. Coube a Petúnia a *performance*, a concretização dessa ação. Ela queria, desejava ardentemente recuperar a cama por uma questão de "amor" por Tobias. Ela, portanto, estava qualificada para a ação. Observamos aqui a importância da conservação de um ideal. É o ideal, a idéia fixa, o desafio, a luta, a vontade de vencer que faz de uma criança o herói dessa trama. A idéia fixa de Petúnia, sua luta incansável na resolução do problema, acaba por significar sua vitória. Enfim, a identidade daquela família estava preservada. E, no final, a cama sossega.

É interessante observar, por exemplo, que, em todas as unidades de ação, os verbos que indicam as ações são "comprar" e "vender". Apenas na última unidade, o verbo é "doar", como se a cama fosse uma dádiva e o destino tivesse reservado aquele momento como o momento definitivo. A cama agora voltaria para quem deveria pertencer de direito.

Dessa forma, a interiorização da narrativa se apresenta bem mais forte neste livro do que nos outros já escritos pela autora. O valor "identidade" não é questionado, mas buscado com intenso furor. A afirmação de identidade, que perpassa toda a obra da autora, é por demais inquietante e assustadoramente sedutora. A autora chega a um grau de amadurecimento e afirmação de sua própria identidade e estilo, bem como demonstra domínio da técnica narrativa.

Lygia Bojunga continua excelente contadora de histórias, conseguindo manter viva a chama da curiosidade, a mesma chama que salvou a vida de Sherazade e de todas as mulheres na narrativa *As mil e uma noites*. Assim também acontece com a literatura infanto-juvenil brasileira, que se encontra, mais uma vez, num momento bastante próspero.

A PRODUÇÃO LITERÁRIA DE PAULO RANGEL

Após a análise do romance *A cama*, de Lygia Bojunga, nada melhor do que dar seqüência com o estudo de um romance de cunho policial – *O assassinato do conto policial*[17] –, tão bem elaborado pelo escritor Pedro Paulo Rangel.

Pedro Paulo Nogueira Rangel foi escritor, jornalista, ator profissional, advogado, consultor de *marketing* social e político, além de escritor e teatrólogo. Infelizmente faleceu cedo, mas nos deixou alguns escritos preciosos[18], principalmente para aqueles que são adeptos da narrativa policial.

Dotado de uma visão de mundo bastante eclética, devido às variadas funções que exerceu profissionalmente, seus textos são mesclados de muita ação, de temáticas diversas, interessantes e originais, num clima que tem sido chamado de genuinamente brasileiro. E esse é um dos aspectos mais presentes em seus escritos literários.

Iniciou sua carreira literária em 1968. Do conjunto de sua obra, dirigida ao público jovem, sobressaem-se três romances policiais bastante diferentes em sua temática, mas uniformes em sua técnica: *O assassinato do conto policial* (1989)[19], *Revisão criminal: o assassinato de Duclerc* (1990)[20] e *Assassinato na floresta* (1991)[21]. Esses três romances, premiadíssimos pela crítica, são exemplos de inquietude e busca de aprimoramento da técnica e de superação artística conseguidas pelo autor no que se refere à linha da escrita policialesca[22].

A abordagem contida em seus textos gira em torno da realidade social brasileira e do questionamento das injustiças sociais. Dessa forma, do mesmo jeito que cumpre um dos preceitos de base desse tipo de narrativa – a apresentação de problemas sociais e a respectiva solução e punição –, Pedro Paulo Rangel inova ao explorar a temática brasileira, sempre de forma humorística ou satírica, marcas de seu estilo pessoal. Apesar de todos os livros do gênero apresentarem uniformidade estrutural – revestirem-se de mistério, provocarem a curiosidade do leitor, apresentarem uma investigação apurada e uma seqüência de ações em ritmo acelerado para não permitirem ao leitor um pensamento mais lógico na descoberta do enigma –, eles são diferentes em sua abordagem. E na obra de Paulo Rangel é possível verificar isso, pois cada história é completamente diversa da anterior, apesar de todas terem a mesma estrutura. Por exemplo, em o *Assassinato na floresta*, o escritor registra o problema do seringueiro, um problema social grave na Amazônia, enquanto em *Revisão criminal: o assassinato de Duclerc* ocorre uma retrospectiva histórica para a solução de um crime acontecido há muito tempo na cidade do Rio de Janeiro. O detalhe instigante desse livro está na investigação feita na atualidade para aclarar uma situação vivida tempos atrás. Já em *O assassinato do conto policial*, Paulo Rangel trabalha uma questão crucial, que tem atormentado os escritores desse tipo de narrativa e os teóricos, estudiosos de literatura, que é o fato da narrativa policialesca ter sido até bem pouco tempo considerada subliteratura.

O cenário que seus textos reverenciam é o Brasil, suas personagens são profundamente brasileiras. Nesse sentido, o autor busca adaptar um gênero marcadamente estrangeiro para a nossa cultura. E o realiza por meio de sua personagem principal, pois o fleumático detetive Poirot, criação de Agatha Christie, ou o astuto Sherlock Holmes, criação de Conan Doyle, são substituídos pelo simpático e extrovertido jornalista policial Ivo Cotoxó. Ele é a personagem principal da série intitulada "Coleção Aventuras de Ivo Cotoxó". Cotoxó é o detetive, o jornalista brasileiro responsável pela matéria policialesca do jornal *Tribuna da Pátria,* e, ao contrário de outros detetives famosos, criados pelos autores tradicionalmente conhecidos, apresenta aspectos muito próprios da cultura brasileira.

A linguagem utilizada é a informal, do dia-a-dia do cidadão brasileiro, mesmo porque a narrativa policial não trabalha com a linguagem erudita, formal ou rebuscada. E, embora pareça paradoxal, essa é outra característica literária desse tipo de escrita.

Sua técnica obedece a um esquema que pode ser assim representado: apresentação do problema principal – um crime, dilemas e desafios – e investigação até que o (suposto) crime seja elucidado e o assassino considerado culpado. Um detetive será sempre a personagem principal da história. A trama se compõe de ações rápidas e sucessivas, procurando encaminhar sempre o leitor em sentido contrário à verdade a ser descoberta pelo detetive. Tudo se apresenta num estilo direto e numa linguagem simples e objetiva, assim como Thomas Narcejac[23], um dos teóricos do gênero, assinala em seu livro *La novela policial*. Segundo ele, uma narrativa policial deve conter todos esses aspectos citados anteriormente, sem perder de vista o mistério e a investigação, duas diretrizes básicas do gênero.

Estes últimos traços são indispensáveis, porque o mistério provoca no leitor um interesse cada vez maior e a investigação tem por objetivo resolver esse mistério aparentemente incompreensível e inexplicável para a razão. O trabalho do leitor é seguir o raciocínio na tentativa de resolver o problema apresentado, enquanto cabe ao escritor obscurecer essa investigação para o leitor, a fim de propiciar o jogo intelectual, o único capaz de desfazer as ambigüidades presentes no texto. Medo, tensão e paradoxos são outros ingredientes que fazem parte dessa escrita. E é esse conjunto de elementos costumeiros que confere interesse e acaba por consagrar o gênero.

O autor demonstra um alto grau de amadurecimento literário, pois embora siga o esquema tradicional da escrita policialesca dos grandes mestres do gênero e respeite as regras básicas e tradicionais desse tipo de escrita, consegue inovar, criar e adaptar o teor de seus textos para a nossa realidade.

O assassinato do conto policial

Entre os romances de Paulo Rangel, *O assassinato do conto policial* destaca-se pela aventura *sui generis*, conforme relatado logo no início do romance:

— *Recebemos três telefonemas anônimos e uma tira de papel informando que o conto policial vai ser assassinado. Quero reportagem completa sobre o crime.*

Deu a Cotoxó a missão de investigar o assunto e escrever sobre o estranho delito que seria cometido por misterioso assassino, em lugar incerto, em dia e hora ignorados. So-

mente indicou a futura vítima, criatura abstrata, de endereço desconhecido. (ACP, pp. 10-1)

Esse é o eixo sobre o qual gira o romance: o desejo de assassinar a narrativa policialesca. A originalidade do autor está bem marcada no conteúdo temático explorado por ele, ou seja, na invenção do enredo e na urdidura da ação. De um lado sobressai o aspecto metalingüístico – o assassinato de um gênero, o da narrativa policialesca –, e de outro, a investigação de algo que ainda iria acontecer. Vejam-se a justificativa para a matéria jornalística e a ordem do chefe Maurício Benjamin a Ivo Cotoxó, o jornalista policial:

Assassinato não é apenas a eliminação de um ser humano por outro, seu foca – falou Maurício, com acentuado mau humor, deixando claro que seu pedido de aumento de salário fora recusado. – Assassino pode ser alguém que destrói uma idéia, um objeto, uma obra de arte. Quem lê jornal, o que, parece, não é o seu caso, sabe que há políticos que têm o hábito de assassinar a democracia. Atores assassinam peças que representam. No prédio onde moro diariamente um pianista assassina Beethoven, destruindo os nervos da vizinhança, inclusive os meus. Nesta redação há muitos focas que assassinam a língua portuguesa. Portanto, nunca mais diga idiotices em tom didático a jornalistas tarimbados como eu. Vá para a rua e traga doze laudas sobre o assassinato do conto policial. Com fotos! (ACP, p. 13)

De imediato, o leitor toma ciência da abordagem do texto: é metalingüística. O próprio Cotoxó tenta explicar a seu chefe a peculiaridade ilógica pertinente ao tema:

Assassinato – explicou Cotoxó, em tom didático, para o chefe relembrar os rudimentos da ciência criminal – é o ato de um ser humano matar outro ser humano. Assassino é quem mata, assassinado é o morto. Assim, o mais simples assassinato precisa ter, no mínimo, uma vítima. E a vítima nunca pode ser um conto policial. (ACP, p. 12)

E embora esse tema tenha a aparência de situação estranha, é importante lembrar que, por diversas vezes, os críticos que viam na narrativa policial uma literatura barata, de puro entretenimento, tentaram pôr um fim a esse tipo de texto, afirmando faltar-lhe caráter literário, já que a linguagem utilizada nesses escritos é simples, objetiva e direta. Portanto, querer assassinar a narrativa policial sempre foi desejo da crítica literária. Nesse sentido, Paulo Rangel, além de inovador, é corajoso por tratar de questão tão polêmica.

Nesse texto observam-se vários níveis de leitura. Para exemplificar melhor, consideram-se um nível de leitura superficial que apresenta a história propriamente dita e todos os seus componentes, um nível intermediário que encaminha o leitor nas discussões de valores e problemas sociais e um nível mais profundo que reflete criticamente sobre a própria escrita, sobre a função e a validade do gênero policial na nossa cultura.

No nível superficial de leitura, um crime precisa ser desvendado. O detalhe é que, primeiramente, o crime precisa acontecer. Investigar uma suposição como algo certo é, no mínimo, inusitado, pois as narrativas policiais clássicas tratam do que acabou de acontecer e necessita ser aclarado, mas não de algo que supostamente irá acontecer.

O desenrolar da ação num livro de cunho policial é muito rápido. Nesse livro, ela se inicia exatamente numa segunda-feira e termina numa sexta-feira, conforme estipula o chefe de Cotoxó. Considerem-se, então, cinco esferas de ação, que se distribuem em dois dias para a consecução do plano por parte do assassino, um dia para o assassinato e outros dois para a solução definitiva do enigma apresentado e a prisão do culpado.

Entre as ações que encaminham ao suposto crime e sua decifração, o narrador apresenta gradativamente as personagens que participam da trama. A primeira personagem a ser apresentada é o jornalista Ivo Cotoxó, com todas as nuances de um "foca", que em linguagem jornalística significa um jornalista iniciante. Juntamente com essa apresentação aparece o cenário – a cidade de São Paulo e sua contextualização, com a lembrança de acontecimentos violentos relativamente recentes. No decorrer do tempo narrativo, as demais personagens são apresentadas. O velho jornalista baiano (Virgildásio José Bastos), cuja alcunha é V.J.B., desempenha o papel de grande amigo e experiente profissional com quem Cotoxó pode trocar idéias. Quatro nomes importantes na trama são logo indiciados para o leitor: o comendador José Hipólito Chagas Marcondes, presidente do jornal *Tribuna da Pátria,* e seu filho José Hipólito Chagas Marcondes Júnior, o empresário Aldovrando Peixoto (de Souza), futuro concorrente do grupo do jornal *Tribuna da Pátria*, e o escritor de narrativas policiais José Itagyba Paranaguá. Iniciando a investigação, Ivo Cotoxó procura a telefonista, dona Noêmia, que lhe dá algumas dicas. A japonesinha Tizuca tem duplo papel na trama: além de ser amiga de Cotoxó, exerce certa influência no jornal, o que facilita a investigação do jornalista. A importância da namorada do jornalista, Norminha, está relacionada ao fato de ela ser formada em botânica e estar participando de uma equipe de estagiárias que pesquisam os atributos medicinais de plantas brasileiras usadas pelos índios como remédios. Aparentemente isso nada tem a ver com a trama, até que o crime acontece e seus conhecimentos sobre plantas são requisitados para desvendar o mistério da morte do crítico literário, Gilberto

Romualdo, responsável pela conferência que será pronunciada na quarta-feira. A escritora Leopoldina de Morais Barros e a esposa do crítico concedem uma trégua ao raciocínio do leitor, pois aparecem apenas para a simples distração deste. O crime afinal é cometido contra a figura concreta do conferencista e o culpado será descoberto graças aos estudos de Norminha e a uma casual entrevista de Cotoxó. Desse modo, a ação chega ao fim e a coluna jornalística é completada a tempo. Concorrem ainda para a composição da trama outras personagens, como o ex-presidiário e técnico em máquinas de escrever, "seu Balbino", o delegado, o cientista, a secretária do Centro de Debates Culturais e o doutor Higino, presidente da mesma instituição.

Ao dia de segunda-feira, considerada a primeira esfera de ação, correspondem o prólogo, a apresentação do enigma, a apresentação das personagens que participarão das ações subseqüentes e os primeiros indícios que podem ou não levar à resolução do problema.

Como toda narrativa policialesca, essa começa praticamente do nada, pois existe apenas um indício: uma tira de papel enviada, de forma anônima, à redação do jornal, informando que o "conto policial será assassinado na quarta-feira". Cotoxó inicia logo a investigação para não passar recibo de incompetente e, como um animal de faro apurado, utilizando-se largamente do instinto, da percepção e da dedução, dá início aos trabalhos. "Elementar, meu caro Watson!", diria Sherlock Holmes.

Nesse momento, o leitor entra em contato com a linguagem jornalística de Ivo Cotoxó e com o narrador em terceira pessoa. O narrador demonstra ter bastante experiência e ser muito íntimo do jornalista, assim como o dr. Watson, nas histórias tradicionalmente criadas por Conan Doyle, é amigo de Sherlock Holmes.

O jogo intelectual acaba de ser proposto, a investigação tem início e o único caminho conhecido é aquele que, aparentemente, o narrador deixa transparecer para o leitor. O interesse e a curiosidade impulsionam o leitor à leitura do texto e ao raciocínio que pode levar à descoberta do culpado. Ao mesmo tempo, por meio de conversas e entrevistas, o jornalista vai selecionando o material que importa para sua investigação. Tudo isso lembra muito as histórias de Agatha Christie e Conan Doyle. Um dos exemplos que demonstram o caráter dedutivo do jornalista policial é este:

> – *Fita de algodão – ponderou V.J.B. – A máquina que bateu esta frase não é elétrica. A impressão é irregular. A pessoa que datilografou este papel deve ter problema com o dedo mínimo esquerdo, pois a intensidade da batida da letra a às vezes é menor do que as outras.*
>
> *Cotoxó examinou a frase com a lupa, letra por letra [...]*
>
> – *E deve ser pessoa de bom nível cultural, cuidadosa e amante das minúcias – acrescentou.*
>
> – *Por quê – perguntou V.J.B., surpreso com a análise do foca.*
>
> – *Quem datilografou esta frase colocou ponto final após quarta-feira. Se fosse pessoa desorganizada, distraída, ou de poucas letras, não teria essa preocupação. O hífen da palavra quarta-feira sugere que se trata de um intelectual.* (ACP, p. 18)

Ao dia de terça-feira, segunda esfera de ação, corresponde a apresentação de mais algumas personagens importantes para o desenrolar da trama. Um dado interessante aparece: é o caso de amor entre o detetive e Norminha. Nas narrativas policialescas tradicionais não há espaço para o amor, pois o que mais importa são as ações concretas das personagens.

Ao contrário, nesse romance, a namorada de Cotoxó terá a função de ajudá-lo tecnicamente na descoberta do assassino. A sua formação em botânica e sua pesquisa sobre as propriedades medicinais das plantas brasileiras permitirão uma descoberta vital para o desenlace do romance.

Às ações de quarta-feira, a terceira esfera de ação, correspondem as conjecturas do jornalista policial, o discurso sobre a teoria do romance policial pronunciada pelo conferencista e sua morte.

Gilberto Romualdo inicia a conferência dizendo que mostraria todos os seus segredos. Sabemos que os escritores de narrativas policiais seguem determinadas normas que, desde cedo, foram consideradas imprescindíveis. Já em 1928, S. S. Van Dine e Monsignor Knox discutem essas questões. Van Dine afirma que a narrativa policial é uma espécie de jogo intelectual e que para escrever histórias de detetive existem leis definidas, como a de ser concedida ao leitor a mesma oportunidade que o detetive tem na solução dos mistérios. Monsignor Knox, no mesmo texto, complementa dizendo que o criminoso deve ser alguém mencionado na parte inicial da história, mas que não pode ser ninguém cujos pensamentos o leitor possa seguir. Por isso, é interessante a posição pseudo-orientadora do narrador.

Talvez, pela uniformidade desses preceitos é que, mais tarde, durante séculos, os críticos tenham relegado a narrativa policialesca a plano secundário, alegando que esta não seria uma criação artística, já que seus passos são extremamente previsíveis. Esses passos previsíveis foram sintetizados por S. S. Van Dine. São 20 regras que deveriam ser respeitadas por todo autor de romances policiais, mas que, por apresentarem redundância, foram reduzidas para oito, por Todorov, no artigo intitulado "Tipologia do romance policial", incluído em seu livro *Poética da prosa*. São estas:

1. *O romance deve ter pelo menos um detetive e um culpado, e pelo menos uma vítima (um cadáver).*

2. *O culpado não deve ser um criminoso profissional; não deve ser o detetive; deve matar por razões pessoais.*

3. *O amor não tem lugar no romance policial.*

4. *O culpado deve gozar de certa importância:*

   a) Na vida: não ser um criado ou uma criada de quarto;

   b) No livro: ser uma das personagens principais.

5. *Tudo se deve explicar de maneira racional; não é admitido o fantástico.*

6. *Não há lugar para descrições nem para análises psicológicas.*

7. *Quanto às informações sobre a história, tem de se conformar com a seguinte homologia: o autor está para o leitor assim como o culpado para o detetive.*

8. *Devem evitar-se as situações e soluções banais[24].*

Essas são as mesmas leis expostas pelo conferencista de o *Assassinato do conto policial* antes de morrer. Realmente, seguindo as normas, a previsibilidade está presente no texto em questão, mas, para o leitor, o que conta é o mistério que envolve o caso, o medo que o próprio leitor sente, a curiosidade que o faz seguir adiante na leitura e, no final, o prazer da descoberta do culpado. A esses preceitos de previsibilidade acrescente-se, ainda, o estilo, que deve ser sempre simples, claro e direto.

Enigma, decifração e curiosidade são aspectos existentes em histórias policiais desde Edgar Alan Poe, ou, se quisermos remontar a um passado anterior, ao próprio Édipo e à questão da decifração da esfinge. Felizmente, nessa narrativa esses dados concretos se mantêm.

O autor Pedro Paulo Rangel domina a técnica da narrativa policialesca. Suas descrições são perfeitas, contextualizadoras, e acrescentam sempre dados informativos e inerentes à realidade brasileira. Vejam-se os seguintes exemplos.

Ao descrever o velho jornalista baiano, não faltam detalhes, tais como:

> *Mameluco, com cinqüenta e cinco anos, alto, nariz adunco, era tão ereto que suas costas pareciam ter sido achatadas numa prancha, quando criança. Apesar da idade, seus cabelos eram pretos, escorridos e brilhantes. Um dos especialistas em assuntos indígenas dizia que ele era o Último Tupinambá, referindo-se à tribo guerreira que, detestando a escravidão, lutara contra os portugueses e fora por estes expulsa do litoral paulista e fluminense para o interior da Bahia e depois para a região amazônica, onde, após quatro séculos de perseguição, fora praticamente dizimada. (ACP, p. 15)*

Para traçar o perfil de Aldrovando, o empresário, o autor descreve São Paulo e seus habitantes:

> *Descendentes de italianos, espanhóis, alemães, ciganos, polacos, judeus, sírios, libaneses, japoneses, índios, negros, portugueses – tipos humanos com infinitos cruzamentos, cores, alturas e tonalidades, gaúchos, mineiros, mato-grossenses, paraibanos, alagoanos, sergipanos, pernambucanos, sulistas e nortistas que afluíam aos milhões a São Paulo em busca de emprego acotovelavam-se apressados na imensa passarela entre anúncios luminosos, carros, ônibus, sinais acendendo e apagando, sirenes e outros barulhos infernais e variados odores vindos dos restaurantes, churrascarias, choperias, lanchonetes e carrinhos ambulantes. Ao cruzar a Avenida São João com a Ipiranga, no trecho imortalizado pela música de Caetano Veloso, Cotoxó bateu na testa para afastar da cabeça a*

letra do compositor baiano que refletia com grande inteligência e carga poética o obstinado burburinho paulistano, pois não queria se desconcentrar com lembranças que desviassem sua atenção [...]. (ACP, p. 42)

O humor, a ironia e o sarcasmo estão sempre presentes em suas obras. Ao explicar para o leitor o significado da palavra "foca", a resposta soa como uma brincadeira:

> – *Foca é um repórter em início de carreira, que ganha mal, se veste mal, come mal, escreve mal, só diz bobagens, não tem cultura, é tido como idiota e um dia se torna chefe de redação. (ACP, p. 13)*

A coragem de dizer certas coisas faz até descrer de que algum editor pudesse querer publicar os livros de Paulo Rangel, conforme o relato de Cotoxó:

> *Os dois [Comendador e filho] exalavam alho e álcool, indicando que vinham de mais um banquete em que dirigentes de órgãos de divulgação recebem medalhas por terem publicado notícias simpáticas aos homenageantes. (ACP, p. 22)*

À quinta-feira, a quarta esfera de ação, correspondem os conhecimentos de um cientista e suas observações sobre um possível envenenamento, os exames laboratoriais, a comprovação pelas imagens que aparecem nas fotos e a conversa com V.J.B.

À sexta-feira, a quinta esfera de ação, correspondem a corrida para apanhar o criminoso, o jogo urdido para fazê-lo cair nas mãos da justiça e a obtenção de sua culpa e, mais tarde, a entrega do trabalho ao chefe Maurício Benjamim.

No nível intermediário de leitura, figurativamente, alguns temas se destacam: o tema da "injustiça social", constante no gênero policial, e, numa gradação, outros temas subjacentes a esse primeiro, como o dos "interesses comerciais e políticos" e o das "conspirações e interesses pessoais". São todos temas que refletem a triste situação brasileira, em que a injustiça social decorre, muitas vezes, por exemplo, da ineficiência do sistema de justiça brasileiro e dos interesses pessoais, que motivam as pessoas a agirem de má-fé, ou do pouco reconhecimento dos chamados direitos autorais.

Seguindo o raciocínio do narrador e segundo a teoria do personagem V.J.B (velho jornalista baiano), colega do protagonista, esse tipo de livro, a narrativa policialesca, não representaria sucesso de vendagem, pois somos um país onde as leis naturalmente favorecem a elite. Pelo menos é essa a explicação dada por V.J.B., para a pouca receptividade de seu romance junto ao público:

> – *Você, há algum tempo, não escreveu um romance?*
>
> – *De que se tratava?*
>
> – *Era uma denúncia contra o sistema policial e a Justiça no Brasil, cujos procedimentos impedem que se chegue aos grandes criminosos. Nossas leis penais foram criadas para perseguir os pequenos e proteger os grandes.*
>
> – *Por que vendeu tão pouco?*
>
> – *Os brasileiros preferem histórias policiais passadas no exterior, onde os criminosos são presos; e não sobra dinheiro para comprar livro de denúncias publicadas no país.* (ACP, p. 20)

A fala de V.J.B. não é diferente do pensamento de alguns teóricos que associam o sucesso de narrativas policialescas clássicas ao fato de o culpado ser sempre preso, e, desse modo, as injustiças sociais serem atenuadas, e de isso oferecer uma espécie de catarse ao leitor. Como no Brasil não existe empenho na solução das injustiças sociais e nem sempre os culpados são presos, fica difícil um gênero como esse ganhar notabilidade. O importante é que, por meio do delineamento da realidade brasileira nesse livro, observam-se, em profundidade, as questões sociais que tradicionalmente são abordadas nesse tipo de narrativa.

Mas o interesse do escritor de narrativa policialesca é demonstrar sutilmente ao leitor a farsa de que o cidadão participa, pois, por trás da aparente neutralidade com relação a qualquer tipo de injustiça social, existem interesses comerciais e políticos, conforme se observa na fala de V.J.B., bastante clara nesse sentido:

> [V.J.B. lutava [...]] embora estivesse convencido de que o Brasil caminhava fora do atalho. Quando fora repórter policial, desanimara da atividade por nunca chegar aos verdadeiros assassinos. Às vezes estava na pista certa, mas quando descobria os mandantes e ia revelar nomes, era afastado da reportagem e substituído por colega desprovido de garra que nunca esclarecia o crime. A impossibilidade de chegar ao mandante aumentava quando o homicídio ou massacre envolvia questões de terras. Nesses casos não se faziam registros na polícia, nem eram instalados inquéritos. Autópsias não eram efetivadas. Quando feitas, os laudos apresentavam resultados contraditórios, ou se perdiam. No caso de serem abertos processos por iniciativa dos parentes da vítima, os documentos desapareciam, e o inquérito, na fase policial, era de tal forma viciado e distorcido que ficava difícil abrir ação na Justiça e as chicanas impediam que se chegasse a qualquer resultado, ficando os culpados impunes para o resto da vida. (ACP, p. 16)

No nível de leitura mais profundo, várias vezes, no decorrer da narrativa, aparece a pergunta do protagonista:

"Acha que alguém possa matar o conto policial?"; e, gradativamente, as respostas são apresentadas. No exemplo a seguir a resposta é incisiva:

> *Vários críticos tentaram matar o romance e não conseguiram. Diziam que o mundo moderno, dominado pelas máquinas, estatísticas, computadores e robôs, não tinha mais espaço para o romance. Afirmaram que os estudos científicos, de sociologia, antropologia e psicologia progrediram tanto que haviam eliminado o romance. Falaram tanto que o romance ficou doente, quase morreu. Mas esses críticos se esqueceram de algo fundamental: "Os leitores não querem lições, querem emoções", de acordo com o ensinamento do editor de Júlio Verne. Aí apareceram escritores criativos e fizeram o romance renascer. Por isso acho difícil matarem o conto policial. Mas não é impossível. Teria de ser um crime muito bem planejado, que só a mente de um escritor com muita experiência e amargura, como Raymond Chandler, saberia executar. Ou a inteligência privilegiada de um criminoso do tipo de Jack, o Estripador, que estrangulou muitas mulheres e jamais foi preso. (ACP, p. 79)*

Na verdade, o romance, de modo geral, como gênero já sofrera restrições ao longo de sua história, conforme observa Terry Eagleton ao fazer uma análise retrospectiva dos tipos de textos considerados literários, no decorrer dos séculos, em seu livro *Teoria da literatura*[25]. Arthur Jerrold Tieje[26], ao proceder a um levantamento detalhado das características básicas de um romance, destaca que a função deste é divertir, edificar, instruir, representar a vida cotidiana e despertar emoções. E como a literatura da imaginação sempre foi um gênero não considerado pelos teóricos por seu teor de fantasia, o romance, portanto, pertenceria à classe de subliteratura. É só com autores como Facan, que demonstram que a utilidade do romance na formação do homem reside, principalmente, na fantasia que esse tipo de texto passa a ser valorizado e a fazer parte do considerado "literário".

Numa das vezes em que Ivo Cotoxó se pergunta sobre "Quem teria interesse em assassinar o Conto Policial no Brasil?", (*ACP*, p. 17) a resposta tem a ver com as conspirações e interesses pessoais. Os escritores ganham tão pouco enquanto o editor ganha muito. Veja-se o diálogo entre as duas personagens:

> – *E o lucro com a venda?*
>
> – *Vai para o bolso do editor.*
>
> – *Não há hipótese de entrar com ação na Justiça?*
>
> – *Os dois ou três escritores que reclamaram direitos na Justiça não conseguiram provar seus direitos e tiveram de pagar as custas e honorários de advogados.* (*ACP*, p. 77)

O tempo todo, no decorrer da leitura, as perguntas ativadoras do raciocínio – "O quê? Quem? Por quê? Como? Onde? e Quando?" – encontram-se presentes na cabeça do leitor. E o leitor, entretido pela decifração do enigma, lê e relê até descobrir como o detetive chegou àquela conclusão. O poder das palavras, então, é fundamental nesse tipo de escrita. As frases, os relatos, as histórias possuem o poder de descarregar o medo sentido pelo leitor, que, segundo Narcejac, é uma das principais fontes de inspiração literária. O medo provoca a investigação e a investigação faz desaparecer o medo. A curiosidade é a sublimação do medo. Mas é a palavra que tem o poder de amenizar e acabar com o medo provocado no leitor.

Como se pode confirmar, o tratamento metalingüístico encontra-se no eixo principal desse romance e a conclusão o confirma: é impossível acabar ou desconsiderar o romance policial como um gênero. O empenho na ação de descoberta do suposto assassino acabou revelando o medo de um dos editores de romance policial:

> *[...] Afinal, se houvesse grande divulgação da técnica de escrever contos policiais, a revelação de tais segredos faria com que o gênero perdesse a graça, e haveria diminuição de leitores, prejudicando os interesses comerciais de Aldovrando Peixoto. (ACP, p. 134)*

O medo é ingrediente essencial nessas histórias. E representa o verdadeiro arcabouço da humanidade, pois esta tem sempre medo de algo. O leitor também se identifica com esse medo. Mas as palavras são redentoras, reveladoras da força que contêm, por isso a escrita policialesca tem o seu valor assegurado.

Atualmente o romance policial ascendeu à categoria de gênero e, na ficção, exatamente em o *Assassinato do conto policial,* desvenda-se a impossibilidade de assassínio do conto policial.

A PRODUÇÃO LITERÁRIA DE LIA NEIVA

Após a análise dos romances – *A cama* e o *Assassinato do conto policial* – que tão bem retratam e explicitam a existência humana, expõem desejos, necessidade de identidade, medo, mistério, e situam a palavra como mediadora da experiência de vida, este estudo incide sobre a produção literária da escritora Lia Neiva e, principalmente, sobre o texto *A gata do rio Nilo.*

Um dos motivos que nos levam ao estudo de sua obra é o trabalho de qualidade literária realizado por ela, principalmente no que se refere à linha do realismo fantástico, um veio da literatura ainda pouco explorado por escritores de literatura infanto-juvenil no Brasil.

Lia Neiva escreve desde 1987, data da publicação de *Histórias de não se crer*[27], cuja temática é o fantástico, o mundo de bruxas, magos e crendices. Nessa mesma linha escreveu *Entre deuses e monstros*[28] e *Medéia*, tomando da mitologia grega o motivo para sua tessitura.

O tema preferido de Lia Neiva gira, portanto, em torno do insólito, do inexplicável pelas vias do raciocínio lógico. Suas histórias estão sempre entrelaçadas de mistério, suspense e estranhamento. O estranhamento, provocado no leitor, fica por conta da introdução do elemento fantástico. E o envolvimento com o suspense e o medo, perpetrados por esse tipo de história, induzem a participação do leitor nesse jogo de raciocínio e na busca de solução. São textos dirigidos ao público jovem.

Mas algumas outras criações de sua autoria direcionam-se especificamente ao público infantil, como o livro *Espelho meu, quem é mais feio que eu?* (1989), *Bichos de lá e cá* (1993) e *A coruja fogueteira* (1998).

Em 1994, ela participou da "Série doze olhos e uma história", juntamente com outros escritores de primeira linha. A primeira história de cada um dos volumes é de sua criação. Em *Chamuscou, não queimou*, ela participa com o texto "Dragonando"; em *Vou ali e volto já*, com a história intitulada "O casamento de Romualdo"; em *Nem assim, nem assado*, com a história "Brunilda e o príncipe encantado"; em *Cropas ou Praus*, com a história intitulada "O cavaleiro desmantelado" e em *Se faísca, ofusca*, com a história "A vingança de Maligna".

Lia Neiva escreveu também para a coleção intitulada "Eles são sete" (1995), cuja idéia é muito parecida com a idéia presente em *A gata do rio Nilo*. São sete os pecados capitais, portanto, cada volume apresenta como tema um dos pecados. Nesses escritos há apenas uma unidade temática. Vários escritores escrevem sobre o mesmo tema, mas os enfoques são completamente diferentes. Lia Neiva apresenta um texto em cada um dos volumes.

Além disso, são de sua autoria algumas coleções de *short stories,* como *Invader*, *Replicant* e *Funny feelings*, livros muito utilizados por alunos que necessitam ampliar o vocabulário da língua inglesa. Durante muito tempo, Lia Neiva foi professora de literatura norte-americana, daí a sua vinculação a esse tipo de trabalho também.

Em *O gato sem botas* (1997), a autora recorre como motivo ao conto conhecido como "O Gato de Botas", construindo uma narrativa fortemente calcada na intertextualidade.

Aos poucos Lia Neiva tem tido o seu trabalho reconhecido. É inegável a sua similaridade com João Cabral de Melo Neto, o arquiteto da poesia. Como ele, a autora arquiteta perfeitamente as palavras e suas combinações, mas, à diferença dele, acaba por compor um quadro fronteiriço ao nebuloso, ao macabro e ao inexplicável. E, se na análise anterior observamos as características da narrativa policial, agora é a hora de alargarmos esse olhar, com a depuração do elemento "suspense" e de sua manutenção até o clímax da história, hora em que se concede ao leitor ciência de todo o acontecido, mas num tom acentuadamente estranho e chocante. Os textos de Lia Neiva, em sua grande maioria, apresentam esta marca, a do insólito. De sua produção literária nessa linha, destaca-se *A gata do rio Nilo*.

A gata do rio Nilo

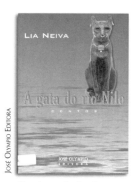

De início o que ressalta aos olhos dos pesquisadores é o trabalho de metalinguagem realizado pela escritora, traduzido na perfeita tessitura de seis contos imbricados nos diversos estilos de época brasileiros. A tensão entre forma e conteúdo transparece simetricamente disposta na brevidade, na intensidade e na unidade de cada conto em relação ao tratamento ficcional dado ao tema nos diferentes estilos de época.

O tema é estranhamente antigo – premeditação de assassinato seguido de morte, problemas existenciais, sofrimento, aberrações, motivos que levam a um crime, justificativas que inocentam os culpados, misticismo. E embora os contos apresentem um mesmo assunto: "o marido mata a esposa", cada conto tem uma estrutura própria. Mas entre o fecho de um conto e o início de outro existe sempre um hiato que vai ser preenchido no conto seguinte. Trata-se da apresentação das personagens, seus pontos de vista e das ações e motivações que levaram ao assassinato, bem como dos diversos sentimentos e atitudes que caracterizam as personagens. A unidade mantida entre esses contos significa, no mínimo, uma distribuição adequada da história na obra. Mas o mais difícil mesmo é conciliar, como faz a autora, tudo isso com a idéia de que cada conto obedecerá, apropriadamente, aos vários estilos de época e privilegiará sempre o ponto de vista de uma de suas personagens. Um aspecto curioso é o fato de que, em 1999, quando foi lançado, o texto continha apenas cinco contos, iniciando-se pelo conto de estilo romântico, mas, em 2002, a autora acrescentou o conto de estilo barroco. Imaginemos a dificuldade da manutenção da unidade e da perfeita distribuição da história com o inusitado acréscimo de um conto após dois anos de veiculação do texto! Esse acréscimo mantém o encadeamento existente entre os contos e torna-se modelo do estilo barroco.

Em linhas gerais, a professora Maria Elizabeth G. de Vasconcellos enaltece o texto, na orelha do próprio livro, dizendo:

> *Os ornatos estilísticos, a exacerbação dos sentimentos, a religiosidade do barroco; a cor bucólica local em contraste com o conturbado estado de espírito de Victor Alexandre, tão característico do fazer romântico; a pormenorizada descrição ambiental, marca do realismo; o chamamento aos sentidos – principalmente o olfato e a visão –, que caracteriza o quadro naturalista, e põe em foco o personagem Dalmo; o estilhaçamento da ordenação cronológica, indicador do nosso moderno mundo fragmentado; a riqueza da oralidade, como convém à linguagem pós-moderna; tudo isso, enfim, vai sendo apresentado, episódio a episódio, formando um rico políptico para a apreensão dos diferentes estilos de época na literatura.*

E se o texto de Lia Neiva possibilita ao leitor o contato com uma linguagem expressiva, no plano do conteúdo promove, ainda, a possibilidade de discussão sobre temas que constituem o próprio significado da existência: o amor, o ódio, os desencontros, a busca do sucesso material e a morte.

São seis contos; são seis personagens; são seis "passeios pelos bosques da ficção", para usar um título de Umberto Eco, que aqui cabe muito bem[29].

Estruturalmente, conforme a professora Maria Elizabeth G. de Vasconcellos comenta, todos os contos estão muito bem elaborados. Além da linguagem própria de cada época retratada, do cenário apropriado e das características literárias respeitadas, o livro afirma as etapas estruturais do conto: argumento, intriga, clímax e desfecho.

O primeiro conto pertence ao estilo barroco e recebe o nome de "Troca epistolar". Nele, o pai da personagem Victor Alexandre, José Fulgêncio Pereira Matoso, troca cartas com o irmão, o frei José Lourenço do Amor, preocupado com a situação adversa por que passa o filho.

O segundo conto pertence ao estilo romântico e recebe o nome de "Epaminondas". Esse relato apresenta, de um lado, a personagem Victor Alexandre e seu sofrimento e, de outro, a personagem de nome Epaminondas e sua participação na trama. Victor Alexandre é a personagem romântica, aquela que sofre grande infortúnio por haver emitido ingenuamente uma simples frase em determinado momento na narrativa:

> Às vezes, o certo é extirpar o mal pela raiz. Tomar uma atitude drástica. O senhor disse que d. Glorinha e d. Naná vivem às turras, criando-lhe muitos problemas. Pois bem, sei que não será fácil, mas acho que devia livrar-se de d. Naná. Dos males, o menor. (GRN, p. 76)

O terceiro conto pertence ao estilo realista e recebe o nome de "Victor Alexandre", mas a personagem que sobressai neste é a personagem realista, o dono da Casa de Pasto, chamado Epaminondas, sujeito matreiro, objetivo, frio e calculista, que percebe o erro cometido por Victor Alexandre ao confundir a gata com a esposa de Dalmo, mas consente nos conselhos de Victor Alexandre para justificar um erro pessoal. Na verdade, Epaminondas conhecia Dalmo e sabia que sua esposa chamava-se d. Naná. O consentimento aparece nesse trecho do conto, conforme relato do próprio Epaminondas:

[...] um belo discurso que foi de encontro às idéias que já estavam a ferver-me na cabeça. Eu estava resolvido a ajudar o pobre sujeito, mas convenhamos a situação era delicada... Eu não queria comprometer-me. Foi a providência que colocou aquelas palavras em sua boca, senhor professor. (GRN, p. 54)

O quarto conto apresenta os traços da escola naturalista e recebe o nome de "Dalmo". Como toda personagem naturalista, ele é condicionado por seu meio social, econômico e cultural, tornando-se vítima fácil de determinadas situações.

O quinto conto é modernista e recebe o nome de "Glorinha". Essa é a gata geradora de toda a problemática na casa de Dalmo.

E o sexto conto pertence ao estilo pós-modernista e recebe o nome de "d. Naná". É a personagem feminina que encerra a série de contos, mostrando que "quem ri por último ri melhor", e acrescenta à série de contos um final inesperado, capaz de fortalecer catarticamente o leitor. Veja-se o trecho:

Antes de morrer, ela pensa: "Céus, então era isso! Ela estava morta. Assassinada. Enganara-se com o leite morno!... A terrível verdade afrouxou o cordão que ainda a prendia ao mundo dos vivos mas, antes de se desprender, ela teve tempo pra lamentar que o marido não tivesse tomado o sal de frutas com arsênico que ela havia preparado dois dias antes e deixado no armário do banheiro; logo, porém, ele ia tomá-lo por causa da azia. Findou-se com essa doce certeza. (GRN, p. 130)

Os estudiosos da disciplina teoria literária sempre se preocuparam em demonstrar aos alunos a dificuldade de periodizar as diversas épocas por meio de uma simples cronologia, demarcadora precisa de fatos históricos, mas insuficiente para precisar os significados literários. A simultaneidade de fatos significativos para a historiografia literária necessita de uma avaliação criteriosa e de demarcações cronológicas, mas estas não devem ser priorizadas, pois num mesmo momento histórico pode-se vivenciar mais de um estilo de época. Quantas vezes no fim de um determinado momento literário já aparecem produções próprias do estilo vindouro! Desse modo, nesses contos, a passagem de um estilo a outro se dá de forma bastante natural, embora a autora tenha o cuidado de contextualizar o estilo correspondente a cada conto. Por exemplo, o conto de nome "Epaminondas" é o conto de estilo romântico, mas nele contracenam a personagem Victor Alexandre, dilacerado pela idéia de haver cometido uma injustiça, e a personagem Epaminondas, muito objetivo, calculista e realista. O conto de estilo realista recebe o nome da personagem romântica Victor Alexandre e já vai apresentar a personagem do próximo conto, o reclamista Dalmo. E, assim, sucessivamente, o livro torna-se não só modelo perfeito do encadeamento dos estilos de época apresentados, como apresenta a efervescência de mais de um estilo numa mesma época. Esse é o único teor didático ou pedagógico que a obra apresenta.

Deixar de enaltecer o trabalho aprimorado de linguagem e técnica demonstráveis em *A gata do rio Nilo*,[30] de Lia Neiva, seria por demais ingênuo, principalmente porque, por meio dessa obra, o âmbito da literatura infanto-juvenil se amplia. Não podemos simplesmente determinar que tal trabalho literário é específico para a criança, pois tanto a temática quanto o tratamento arquitetado da trama dirigem-se, na verdade, mais ao jovem e ao adulto.

É imprescindível mencionar o trabalho de pesquisa realizado pela autora e o cuidado na aplicação de palavras e expressões características das variadas épocas que compõem o quadro da literatura brasileira. A saudação "mui", por exemplo, muito utilizada no conto barroco, data de uma época em que a gramática era firmemente seguida, a formalidade entre os indivíduos mantida e a influência portuguesa se encontrava muito presente. A preocupação com a utilização correta de determinados termos é sentida, por exemplo, com a expressão "Casa de pasto" que aparece no conto barroco, naturalista, romântico e realista, mas é substituída, apropriadamente, no conto modernista por "restaurante".

Observa-se também uma preocupação com a contextualização perfeita de cada época por meio das epígrafes e das ilustrações que antecedem cada conto, bem como pela evocação, em cada conto, de pessoas eminentes da época ou de locais conhecidos. No conto barroco, por exemplo, há uma alusão a Gomes Freire e uma explicação em nota de rodapé: "Gomes Freire de Andrade, conde de Bobadela, político liberal que governou a cidade do Rio de Janeiro por 30 anos, de 1732 a 1763" (*GRN*, p. 10). No conto romântico, há uma nota de rodapé que diz o seguinte para explicar a referência feita a Richard Wagner: "Referência à ópera *O navio fantasma*, de Richard Wagner, um dos mais legítimos representantes do Romantismo na Alemanha do século XIX" (*GRN*, p. 32). O conto realista faz menção a Augusto Comte e a explicação se encontra também em nota de rodapé:

> *Augusto Comte, filósofo francês, criador do positivismo, conjunto de doutrinas caracterizado sobretudo pela orientação cientificista de suas propostas. O positivismo esteve em grande voga no Brasil a partir das últimas décadas do século XIX, influenciando as artes e, mais acentuadamente, a política.* (*GRN*, p. 64)

O conto "Troca epistolar" é representativo do estilo barroco. Em primeiro lugar, a autora lançou mão de um padre, figura fundamental no barroco, para demonstrar a fé e a crença em Deus como inabalável.

A linguagem literária desse conto é ricamente marcada por recursos estilísticos característicos do barroco, como antíteses, metáforas, hipérbatos, paradoxos, hipérboles, preciosismos, assíndetos, sinestesias, assimetrias, anacolutos e ambigüidades. O vocabulário e a sintaxe, portanto, são adornados de modo a expor estados de conflito e tensão, contrastes e contradições. Nesse texto, a alegria e a tristeza andam juntas o tempo todo, como, por exemplo, no trecho em que frei José Lourenço diz a José Fulgêncio Pereira Matoso: "Mui alegrou-me o abrir de tua carta; todavia se me encheu o coração de tristeza com o teor das notícias, notícias essas que me abatem como a ti" (*GRN*, p. 5).

Os contrastes entre o espírito e a matéria estão também sempre presentes. Basta acompanhar o texto seguinte para que tal se evidencie:

> *[...] Contudo, não esmoreço das viagens, mesmo apeando com as costelas ardidas e mui aquentadas do sol, pois que a esperança do recobro de meu filho é tônico para a jornada seguinte. Não hei delas jamais desistir.* (GRN, p. 9)

Nesse contexto, as delícias do mundo material, muitas vezes, fornecem alimento para o espírito, conforme relata o frei, tio de Victor Alexandre, em uma de suas epístolas:

> *Não vejo estimado irmão, qual outro agrado é mais propício para abrandar o amargo do fel das tuas aflições que adulçorar teu paladar com certas guloseimas de fazer vir água à boca, guloseimas quase celestiais às quais sucumbem frades e leigos desta casa.* (GRN, p. 6)

A tensão resultante desse conflito existente entre o mundo material e o mundo espiritual também está bem marcada pela fala do frei, como é exemplo o fragmento: "Pelo relatado, creio não padecer ele de qualquer moléstia do corpo, mas sim sofrer de uma terrível doença do espírito" (*GRN*, p. 5).

Do mesmo modo faz parte da temática barroca o sentimento de instabilidade e de falibilidade do humano ante à fugacidade do tempo e à brevidade da vida. Encontramos este exemplo nas reflexões do frei, tio de Victor Alexandre:

> *Qual poder têm sobre o tempo as crianças, que o fazem arrastar-se de modo deliciosamente interminável? Por que tal poder se perde com a idade, pois que na velhice o mesmo tempo galopa furioso entre os nossos natalícios, com grande desrespeito pelas nossas vidas já tão gastas?* (*GRN*, p. 19)

O que tanto martiriza Victor Alexandre é a consciência de haver pecado e a única coisa que lhe pode salvar é a fé em Deus. Após descobrir o real teor de sua participação na ação de Dalmo contra a esposa e ter a certeza da aquiescência e incentivo por parte de Epaminondas, Victor Alexandre é finalmente absolvido, conforme o seguinte relato:

> *[...] Finalmente convencido, Victor Alexandre viu sua raiva esvair-se e agradeceu a Deus o reencontro com a paz. Havia renascido pela graça do Senhor e, grato, caiu de joelhos lavado em lágrimas.*
>
> *Asseguro-te que teu filho está salvo porque um erro, mesmo terrível, se cometido em boa-fé é desculpável, já que a boa-fé não constitui pecado aos olhos de Deus.* (*GRN*, p. 27)

No conto de estilo barroco insinua-se, pois, um conflito que só será apresentado no conto seguinte, o de estilo romântico, e é somente no final deste conto que Victor Alexandre descobre a real participação da personagem Epaminondas na trama. Dessa forma, a autora mantém o equilíbrio, pois condensa o tom dramático à essência da narrativa.

O estilo do conto "Epaminondas" é o romântico. As descrições do ambiente extremamente coloridas e plásticas enunciadas refletem esse contorno romântico de todo o conto. Basta observar o colorido vivo que os adjetivos emprestam às imagens no início do conto:

> *Distante do coração do centro urbano, nas fímbrias deste, era um recanto emoldurado por colinas graciosas que a luz dourada do sol tingia de verde vibrante e que surgiam recortadas no azul cerúleo, limpo de nuvens, que cobria a capital fluminense, transformando-a numa cidade maravilhosa.* (GRN, p. 32)

De um lado, temos a descrição romântica de um ambiente bucólico e ilusório e, de outro lado, a descrição de uma personagem tensa, corroída pelo pecado, como a seguir, nestes dois exemplos:

> *Caminhava absorto, enovelado em terríveis pensamentos e cego à vida ao redor. Nem mesmo apercebia-se dos bem-tevis que outrora o haviam encantado com seus pios atrevidos.* (GRN, p. 31)
>
> *[...]*
>
> *A estampa que se repetia por toda a casa dava aos clientes a excitante ilusão de estarem num convescote do outro lado do mundo, deliciando-se em exóticas paragens de bucolismo e mistério.* (GRN, p. 37)

Essa tensão própria do período romântico é muito bem exemplificada pela personagem de Victor Alexandre, extremamente preocupado, triste e angustiado, obcecado por um

A LITERATURA INFANTO-JUVENIL BRASILEIRA NOS ANOS 1990

único pensamento: ter sido ele o causador da morte da esposa de Dalmo.

Victor Alexandre é o modelo do espírito romântico. Tomado pelo sentimentalismo, a personagem tem prazer em sentir-se melancólica e sofredora, e busca o isolamento e a solidão como convém a um romântico de fato. E, numa gradação, os sentimentos e os pensamentos de Victor Alexandre cada vez se encontram mais torpes e conturbados. Ele se martiriza todo o tempo, além de se abstrair da realidade que o cerca para expiar a culpa que sente ou para poder encontrar uma resposta que lhe atenue esse sentimento. O trecho seguinte comprova a demonstração dessa evasão da realidade:

> Mas, naquele instante, a beleza e o sossego daquele arrabalde não importavam ao professor. Fora-se-lhe o prazer da contemplação bucólica, afogado no mar de preocupações em que ele se debatia e onde vogava à deriva como um macabro navio fantasma wagneriano. Estes pensamentos remoíam o pobre Victor Alexandre até que uma bola de criança atravessando-se-lhe à frente, despertou-o para a realidade. (GRN, p. 32)

Pouco adiante, num processo de gradual reflexão pela personagem, aparece a lembrança do passado bem marcado. Os sentidos olfativos e auditivos encontram-se presentes. Basta observar a passagem:

> [...] mas as recordações do local estavam como que gravadas a ferro em sua memória. Lembrou-se de sons e de cheiros, que fizeram aflorar o passado de maneira ainda mais pungente e angustiante. (GRN, p. 35)

As lembranças tomam conta do seu ser até que um movimento inesperado traz a personagem à realidade da vida:

Tais eram os pensamentos que acompanhavam o mísero pecador durante a caminhada. Então uma bola de criança atravessando-se-lhe à frente, despertou-o para a realidade. (*GRN*, p. 34)

Os sentidos da personagem encontram-se à flor da pele, como demonstra o exemplo seguinte: "Com um pouco de imaginação poder-se-ia, até, sentir o perfume daquela primavera azulejada. Conseguiu sorrir" (*GRN*, p. 37).

A linguagem desse conto é rebuscada e os adjetivos demonstram claramente o sentimento de culpa da personagem e a profundidade de sua angústia. Observe-se a passagem:

Vivia roído pelo remorso, carregando há cinco anos os infames grilhões de uma culpa atroz; ali estava uma alma miserável sucumbida ao fardo de lembranças terríveis. (*GRN*, p. 33)

No conto realista denominado "Victor Alexandre", vemos a descrição do ambiente de forma detalhada, numa linguagem mais simples, direta e objetiva, à maneira desse estilo. Minuciosamente e sem qualquer tensão aparente, a Casa de pasto é descrita:

Era uma casa de pasto azulejada do chão ao teto e comprida feito um corredor, modesta como o comércio à volta e com o número suficiente de mesas para acomodar as hordas invasoras na hora do almoço. (*GRN*, p. 59)

Assim também se dá a apresentação da personagem Epaminondas:

Epaminondas Pereira, proprietário e gerente, sempre o primeiro a chegar e o último a sair, mantinha empregados e fre-

gueses sob estreita vigilância, na prática do contar desconfiando; olhava, como diz o povo, padre e missa ao mesmo tempo, evitando que o estabelecimento ficasse no prejuízo, quer por culpa de empregados desatentos, quer por manobras sorrateiras de espertos comensais maus pagadores. Tinha fama de sujeito bonachão, conquanto bajulador e um tanto fuxiquento; um tipo bufo, pouco levado a sério, provavelmente por culpa da cilíndrica figura. (GRN, p. 59)

Não existe idealização da realidade. Personagens e cenário são narrados tais como se apresentam na realidade e a explicação dos fatos é lógica e racional. O comportamento e as ações das personagens são determinadas pelo ambiente em que vivem, conforme o depoimento do próprio Dalmo:

– Sabe, eu detesto que façam pouco de mim. Meu pai não era homem abastado, e eu me vi obrigado a sair de casa muito cedo sem grandes estudos. Caso contrário, garanto-lhe que também seria um cavalheiro e, quem sabe até mesmo, o diretor do liceu onde o professor trabalha.

Dalmo falava como um simplório, pensou Victor Alexandre, mas tinha razão numa coisa: a falta de instrução rouba as melhores oportunidades na vida. (GRN, p. 69)

O embate entre os ideais do estilo romântico que surgia numa sociedade onde até então predominara o gosto clássico, da razão, do equilíbrio, é demonstrado nesse conto com o seguinte comentário do narrador:

[...] Criaturas como Dalmo eram, geralmente, o reflexo de uma sociedade clássica e caduca, que as mentes liberais tentavam transformar. Enroscado no passado, ele ignorava os conceitos e as idéias de sua época, fato que lamentavelmente poderia torná-lo um verdadeiro pária. (GRN, p. 70)

A questão do gosto, já em voga naquela época, também aparece:

> – *Gosto é coisa muito pessoal, sr. Dalmo. As opiniões, os agrados, as simpatias baseiam-se em critérios subjetivos e individualizam o homem. Aprovar ou não alguma coisa, admirá-la ou não, permitem ao indivíduo expressar sua independência e o seu sentido de liberdade. Eu prezo muito a minha liberdade.* (GRN, p. 70)

Mas as explicações já começavam a ser fornecidas através de leis exatas ou experimentos científicos. Tudo devia ser cientificamente comprovado. O exemplo seguinte confirma essa idéia:

> *Victor Alexandre tratou de esquecer-se de Dalmo. Saindo do Azul, ocupou a mente com assuntos mais palpitantes, ruminando um interessante artigo sobre a teoria determinista de Hyppolyte Taine, que lera na véspera. O resto da tarde passou-a em companhia de seus alunos, discutindo de forma simples e objetiva as maravilhas da experimentação e da observação para a compreensão do mundo moderno.* (GRN, p. 71)

O conto naturalista recebe o nome de "Dalmo". Esse conto apresenta a personagem Dalmo com suas qualidades e defeitos, bem próximo das características do homem comum:

> *Dalmo dos Santos, reclamista e vendedor de extratos, ácidos, pós, carbonatos e afins, para boticários e médicos, brasileiro, maior, casado, pilantra e transgressor. Sujeito sempre maldormido, suarento e catingoso, de unhas sujas e trajo amarfanhado. De índole mesquinha, é desprovido de qualquer compromisso com os sentimentos mais elevados do homem.* (GRN, p. 81)

Os exemplos que demonstram uma crença na hereditariedade e no meio físico e social como determinantes do comportamento de Dalmo são muitos. O enredo naturalista apresenta situações que fazem o leitor refletir sobre as condições da realidade social do seu tempo.

Em certa passagem, o leitor toma conhecimento de que Dalmo era "Filho de imigrantes do Velho Mundo, um rebento entre muitos..." (*GRN*, p. 81) e, mais adiante, de que ele era "Criatura vulgar, contador de anedotas eivadas de obscenidades e dando-se muito bem com a escória do bairro" (*GRN*, pp. 81-2). Ainda na mesma cena é dito sobre ele que "Ninguém de bons costumes queria-o como amigo, e ele gastava as noites e os feriados em pândegas pelas tascas e lupanares, sempre em companhia de vadios tão desalinhados quanto ele" (*GRN*, p. 82).

Os espaços miseráveis favorecem o desabrochar do conflito das personagens e evidenciam os desequilíbrios que o escritor pretende denunciar. Pouco adiante continua a descrição de Dalmo: "Ele morava em um sórdido quarteirão do Centro, dividindo um quarto bolorento em casa de cômodos, numa rua decrépita onde amontoavam-se pardieiros encardidos [...]" (*GRN*, p. 82). E, logo em seguida, continua a descrição do espaço miserável onde Dalmo vivia: "O cortiço de Dalmo era o sobrado mais dilapidado e pulguento da rua, e seu dormitório, no andar de cima, vivia infestado de percevejos e baratas" (*GRN*, p. 83).

O condicionamento a que a personagem está sujeita é também mostrado: "Há sempre fatores determinantes na história de cada um" (*GRN*, p. 85), e, em seguida, há a confirmação desses fatores determinantes: "Estava aí, pois, o determinismo fatídico" (*GRN*, 86).

A vida interior da personagem Dalmo é reduzida a quase nada. Seu comportamento aproxima-se do comportamento animal, pois é o instinto que move suas ações: "Os colegas de trabalho consideravam-no um bruto" (*GRN*, p. 82). A comparação com o animal é bem clara: "O homem rilhou os dentes e investiu como um cachorro bravo" (*GRN*, p. 92). Mais um exemplo encontra-se logo adiante: "O vendedor parecia um cachorro feliz pulando em volta do dono" (*GRN*, p. 96).

O conto modernista denominado "Glorinha" apresenta algumas novidades quanto à sua estrutura, o que, de certa maneira, significa um corte em relação aos contos anteriores. Ele é dividido em três atos, com direito a prólogo, e dois entreatos, com a intenção de apresentar o cenário, a trama e as justificativas das ações malévolas que ocorrerão num futuro próximo.

O Modernismo também se apresentou como um corte na literatura brasileira, um corte com o que era considerado tradicional e, na elaboração desse conto, fica bem clara essa idéia. Até a linguagem é bem mais próxima da utilizada em meados do século XX.

Nesse conto a autora trabalha simultaneamente com o passado e com o presente. Mas mantém a unidade e acrescenta um dado novo ao que já é conhecido pelo leitor: as justificativas para todos os acontecimentos são místicas e se encontram no passado do povo egípcio, no inconsciente coletivo e imaginário, bem como na crença de uma vida *post-mortem*, na adoração pelos gatos e na sua representação como divindade.

Esse conto desenvolve-se em duas épocas: no ano de 1052 a.C. e nos meados do século XX, na década de 1940. São dois também os cenários: o vale dos Reis, no Egito, e a cidade de São Sebastião, no Rio de Janeiro. A idéia é mostrar, verdadeiramente, o que motivou todos os acontecimentos do presente.

Já no início – antes dos acontecimentos –, o narrador deixa claro tratar-se de uma história insólita. Cabe agora, ao leitor, verificar, por exemplo, que não houve acaso, mas que os fatos apresentam relações diretas entre si. Mas é ele quem vai decidir se tal acontecimento narrado é real ou não, se pertence à realidade ou ao imaginário. Sabemos que o sobrenatural emociona, assusta ou mantém em suspense o leitor. Aparentemente o leitor tem a idéia de que o desfecho se dá ali.

Os diálogos mantidos nesse conto são bastante informais. As frases não obedecem à gramática padrão, mas seguem um linguajar bem popular. Ocorre também a utilização de gírias e palavras de baixo calão, bem como o uso de apelidos: "Ale" é Alexandre, "Epa", Epaminondas, "gororoba" é comida e assim por diante.

O conto pós-modernista é a leitura da morte de d. Naná contada sensivelmente por ela mesma. Como um fluxo contínuo, a personagem vai contando suas sensações, percepções e lembranças até que percebe e, logo em seguida, tem a confirmação, pelas palavras de Epaminondas, de que está morrendo, tendo sido envenenada por Dalmo, seu marido. O leitor acompanha, passo a passo, a retrospectiva e as reflexões de d. Naná e se envolve com a trama, sentindo a frieza por que o corpo de d. Naná vai sendo tomado.

Não ocorre sucessão de ações como nos demais contos, mas um aprofundamento vertical das impressões momentâneas sentidas pela personagem. O fio condutor dessa narrativa é a tomada de consciência da personagem. Trata-se de um texto mais interiorizado, subjetivo e abstrato.

O elemento catártico aparece agora, no final do conto, quando a esposa de Dalmo desvela sua pretensa ingenuidade e afirma que o marido morrerá assim que tomar o remédio que está no banheiro e que foi preparado por ela. O verdadeiro desfecho se dá aqui.

Chegar ao final da leitura significa descobrir todos os meandros que levaram as personagens a agir dessa ou daquela maneira. A conformidade com os estilos de época é um casamento que funcionou no decorrer da história e na passagem de todos os contos. Mas a descoberta final do leitor representa um alívio e, positivamente, uma possibilidade de vingança cujo gosto o leitor sente.

Chegar ao final dessa leitura significa também perceber o valor e a força das palavras de cada época em particular e, principalmente, da ambigüidade e opacidade que elas podem gerar. São as palavras ditas inadvertidamente por Victor Alexandre que lhe causam todo o transtorno. Mas são as palavras empregadas por Dalmo que fazem Victor Alexandre enganar-se. Veja-se o exemplo:

> — *Eu tento manter a calma e contornar os lundus, mas às vezes não é possível ser paciente e compreensivo. Vejam d. Glorinha, por exemplo: ela possui manias como qualquer um e, no fundo, não tem culpa se tomar conta de casa é uma tarefa desgastante. D. Naná, por sua vez, é geniosa e gosta das coisas a seu modo. (GRN, 75)*

A ambigüidade gerada pelas palavras encaminha o leitor por uma trilha não segura, mas estranhamente familiar. Assim a literatura de cunho fantástico cumpre o seu papel. E os aspectos de síntese, equilíbrio e mistério condensam a verdade contida nesses contos e sua dramaticidade.

A PRODUÇÃO LITERÁRIA DE JORGE MIGUEL MARINHO

No caminho do que é recente e merece destaque pela qualidade literária, estão as criações de Jorge Miguel Marinho, escritor paulista e professor de língua portuguesa e literatura

Coleção do autor

brasileira. Além do magistério, sua vida é marcada por colaboração em revistas de língua, literatura, cultura e filosofia, por elaboração e atuação em vídeos culturais e preparação de roteiros de peça teatral. E para completar, ultimamente também tem atuado como dramaturgo e ator.

Seus textos são prenunciadores de sua importância para a literatura brasileira dirigida a crianças e jovens. Eles sempre superam expectativas, esbanjam conhecimento e atualizam, muitas vezes, outros autores e obras por meio de um trabalho intertextual bem elaborado. Além disso, o aspecto metalingüístico é marca primordial de sua escrita.

Sua originalidade está, principalmente, em seu plano de ação, no cuidado com a linguagem utilizada e na atualidade de seus temas. Em Jorge Miguel Marinho, o dom, a técnica e a cultura se interpenetram.

Seus escritos expressam a visão do público jovem tanto pela temática explorada quanto por sua abordagem. O autor trabalha a linguagem de modo a permitir um jogo entre o leitor e o que o leitor lê.

Jorge Miguel Marinho estreou na literatura em 1984, com *Escarcéu dos corpos,* uma série de contos pertencentes ao realismo fantástico, cuja temática está relacionada ao universo feminino. É essa temática que aparece em *Mulher fatal,* uma coletânea de contos em que se inspira na biografia de mulheres famosas, como Mãe West, Carmem Miranda, Edith Piaf, Elis Regina e Marilyn Monroe, publicada em 1996. Escreveu ainda uma série de outros títulos dirigidos, principalmente, ao universo infantil: *A menina que sonhava e sonhou* (1986), *Dengos e carrancas de um pasto* e *Um amor de Maria Mole* (ambos de 1987), *O caso das rosas amarelas e medrosas* (1991) e *A visitação do amor* (1995)[31].

Sua versatilidade está expressa nas diversas facetas que sua produção literária apresenta. Em *Na curva das emoções: histórias de pequenas e grandes descobertas* (1989)[32], o autor traça um panorama da vida do adolescente, por meio de contos, de forma bastante humorística e leve. Em *Sangue no espelho* (1993), há uma história policial que acaba determinando como culpado o próprio "leitor". Esse livro está na linha do realismo fantástico e discute problemas relacionados à adolescência de modo geral, além de contribuir para o estudo e releitura de *Alice no país das maravilhas*, já que a personagem principal é a Alice, criada por Lewis Carroll.

Já em *O cavaleiro da tristíssima figura* (1996)[33], o autor simula uma história policial bem simples, também na linha do realismo fantástico, com o acréscimo de um dado novo – a participação do leitor ativamente na história. O leitor é valorizado como sujeito construtor da história e de seu sentido, pois não existe um "narrador"; o leitor é o único responsável pela seqüência correta de sentido da história. Além disso, o autor permite ao leitor acompanhar os passos das personagens, como se ele também fizesse parte da narrativa, e, nesse sentido, estabelece relações com a chamada teoria da estética da recepção. São Paulo e o caos existente na cidade grande são o cenário da narrativa. As ações se sucedem rápida e fragmentariamente. O que acontece de fantástico ou irreal orienta o leitor no seu caminho de decifração ou solução do conflito existente e, no final, a este é dada a impressão de ter sido ele o causador de toda a trama. Além disso, este acaba misturando ficção e realidade, como aspectos fronteiriços da própria vida. Nesse livro, de caça ao leitor, a estratégia do autor está em misturar elementos interessantes (um assassinato a ser desvendado), com elementos atuais (uma história que se passa na São Paulo moderna) e mesmo questionadores (a descoberta das convenções que estabelecem diversos tipos de linguagem). Este último elemento é a marca metalingüística do texto. A linguagem é a mais aproximada possível da informal, basicamente reflexo da oralidade. E a idéia é de que o livro é uma história em quadrinhos, embora as ações não estejam formalmente separadas por quadros, mas a atenção e o cuidado conferidos à parte gráfica é completamente diferente do que se vê tradicionalmente.

Como é um autor bastante presente, preocupado com a linguagem, com a criação artística e literária e a difusão dessa arte, há muito mais ensaios e artigos escritos por ele, mas que não caberiam no escopo desse trabalho de pesquisa[34].

No momento, o que interessa está relacionado ao livro *Te dou a lua amanhã: biofantasia de Mário de Andrade* (1993)[35], selecionado para análise, pois nele o trabalho com a intertextualidade se intensifica. Nesse livro, Mário de Andrade é lembrado e atualizado por meio de algumas de suas obras e de algumas de suas personagens. É íntimo o relacionamento e o diálogo entre as obras de Mário de Andrade e algumas de suas personagens, tanto que acabam por dialogar com o leitor, provocando sua curiosidade e incentivando-o a ler as outras obras desse autor e a elaborar a verdadeira "personagem/autor", o próprio Mário de Andrade.

Te dou a lua amanhã: biofantasia de Mário de Andrade

Conforme visto nas análises anteriores, na seqüência de passos para a interpretação de qualquer texto, obedece-se uma seqüência de leitura, introspecção, reflexão cuidadosa e investigação criteriosa. A leitura é a primeira responsável pelo direcionamento do olhar despretensioso do leitor para as diversas histórias que compõem o livro. A introspecção e a reflexão cuidadosa permitem o amadurecimento dessa leitura, enquanto a investigação criteriosa é o passo que diferencia o leitor contumaz do leitor comum.

Por outro lado, há vários elementos na narrativa que se conjugam harmonicamente de modo a seduzir o leitor. A atração e o desejo de conhecer a articulação proposta pelo autor Jorge Miguel Marinho são, em grande parte, responsáveis pelo interesse e leitura desse livro. Depois, a curiosidade, ao perceber na linguagem, tão bem trabalhada, similaridades com Mário de Andrade, torna o leitor completamente envolvido pela trama do escritor e pela fala do narrador. O desejo de saber mais sobre Mário de Andrade, sobre os mistérios que as personagens criaram em relação à figura do seu autor e a poesia contida nas palavras e nos retratos é apenas conseqüência de uma idéia que também agrada.

Em *Te dou a lua amanhã...*, transpiram a linguagem, o humor e a brincadeira próprias do poeta modernista Mário de Andrade. Essa obra é um intertexto na medida em que transforma, transporta e dialoga com outros textos. A motivação de Jorge Miguel Marinho para essa escrita talvez resida numa das características do grande Mário, a de ouvir suas personagens, como acontece, por exemplo, em *Amar, verbo intransitivo*: "Um dia, era uma quarta-feira, Fräulein apareceu diante de mim e se contou"[36]. É dessa forma que Jorge Miguel Marinho nos revela Mário de Andrade, por meio de algumas personagens criadas por este em algumas de suas obras, porém o faz por meio de uma trama nova. Jorge Miguel Marinho nos oferece, assim, uma roupagem nova e a possibilidade de interação do leitor com a vida e obra de

Mário de Andrade. O interessante é verificar o quanto esse autor também foi ardiloso, "cabotino", assim como Mário de Andrade é também descrito em *Te dou a lua amanhã...*, ao se apropriar das personagens deste último e dar-lhes vida.

Na verdade, esse relato consiste em um "jogo" dotado de quatro elementos básicos: os jogadores (que são os leitores); as cartas (as obras e personagens criadas por Mário de Andrade, as ações dessas personagens, e suas características físicas e psicológicas); os retratos (que configuram uma outra história biográfica de Mário de Andrade); e a linguagem, poeticamente elaborada.

Para facilitar as jogadas, algumas pistas são lançadas ao leitor por meio das palavras denunciadoras de uma vida anterior à elaboração do texto, e as regras do jogo são curiosidade, paciência e silêncio, valores que Mário de Andrade tão bem prezava.

Os jogadores devem dispor as cartas sobre a mesa de modo que o(s) mistério(s) seja(m) entendido(s), entrevisto(s) ou descoberto(s). A charada é a revelação da figura de Mário de Andrade, sua vida, sua obra e a modernidade de seus textos, apreendidas na sua totalidade, o que nos encaminha a outra constatação: a singularidade desse jogo reside justamente na tentativa da linguagem de superar sua linearidade ao apresentar um mosaico de fatos, verdades e valores referentes a Mário de Andrade, tornando-o ainda vivo e presente.

Nesse jogo de fluxo contínuo estão em foco o modo de ser do modernista, sua vida e produção literária, bem como suas mensagens e concepções. Nesse sentido, o resultado da investigação promovida pelo leitor, ao longo do relato, é a descoberta dos segredos que cercam o conteúdo dos escritos de Mário de Andrade. Em determinado momento da narrativa, por exemplo, temos um exemplo claro das crenças e dos valores adotados por Mário de Andrade, quando este, tornado personagem, foge de um dos quadros e deixa um recado: "Eu amo a morte que acaba tudo. O que não acaba é a alma que vá viver contemplando Deus[37]" (*TLA*, p. 35). A complexidade da vida, a vitória sobre a vida, a vida como algo sagrado, o amor como vivificador, o silêncio como demarcador de valor, a curiosidade como senha estabelecida são alguns dos sinais de valores pessoais deixados pelo espírito crítico do grande escritor.

As obras de Mário de Andrade e as personagens que serviram de motivação e esteio para a criação desse trabalho de intertextualidade são:

> – Contos Novos *(Ficção póstuma), publicado em 1946, com as figuras de Frederico Paciência, personagem do conto intitulado "Frederico Paciência", que assume em* Te dou a lua amanhã... *a função de personagem/narrador, de Maria, personagem do conto "Vestida de preto", e de Rodrigo, do conto "Primeiro de Maio";*
>
> – Amar, verbo intransitivo *(1927), com a figura de "Fräulein Elza";*
>
> – Os contos de Belazarte *(1947), com "Paulino", do conto "Piá não sofre? Sofre"; e*
>
> – Macunaíma *(1928), com o próprio Macunaíma.*

Em *Te dou a lua amanhã...*, observamos uma história que figurativamente dá suporte a todas as outras. É a história empreendida por Tatiana, uma das personagens principais, cuja incumbência é saber sobre a vida e os escritos de Mário de Andrade para elaborar uma biografia. Logo no início da narrativa, Tatiana é apresentada:

> *[Tatiana] Há duas semanas cumpria uma tarefa enfadonha, roía e mastigava as unhas com uma fome de outra natureza.*

*Abria livros, verificava datas, unia e deslocava episódios na
tentativa de cronometrar uma vida. (TLA, p. 11)*

Todas as outras histórias são decorrentes de sentimentos, mágoas e lembranças guardadas pelas personagens outrora criadas por Mário de Andrade em suas obras e que, agora, afloram sob o olhar atento de Tatiana. A história de Frederico Paciência é completamente diversa da história de Fräulein Elza, que também difere da história de Rodrigo e de Maria. Frederico Paciência, por exemplo, é personagem de um conto escrito por Mário de Andrade e em *Te dou a lua amanhã...* e assume as funções de narrador e personagem. A introdução desse personagem/narrador é descrita de forma peculiar pelo próprio narrador Frederico Paciência:

*Fiquei interessado, tomei corpo, fui me aproximando dela
depois de viver anos e anos observando a realidade à distância ou me limitar ao retângulo de umas poucas folhas que é
o meu habitat. Creio que atravessei bruscamente uma espécie
de parede imaginária e o livro despencou no chão... O livro
permaneceu no chão, fechado, as capas apertando as páginas
e os personagens. Parecia uma casa que se recolhe recusando
um hóspede a mais. Possivelmente eu [...].(TLA, p. 13)*

Além dessas histórias, as páginas pares apresentam uma biografia composta por fotografias intermediadas pelo texto escrito nas páginas ímpares:

*Mas Mário de Andrade era tão múltiplo, parecia uma rap-
sódia feita dos mais diversos quadros e tons, eu é que sei.
Quando penso nele visualizo uma porção de cliques, melhor
dizer flashes vivendo num único rosto... O cronista, o etnólo-
go, o jornalista, o filho abraçado a vida toda no colo da mãe.
E havia também o folclorista, o musicólogo, o crítico de artes*

com aquele vozeirão que buscava as melhores palavras na sua eterna peregrinação de madrugador [...].(TLA, p. 19)

Os "flashes" são as fotografias das páginas pares. Nas páginas ímpares, o autor apresenta o texto sempre procurando adequar o conteúdo do texto ao retrato da página anterior. O exemplo a seguir refere-se à fotografia da página 20, que mostra ao leitor a intimidade de Mário de Andrade vestindo um robe:

Ia me esquecendo mas na hora me lembrei, e isso corrige esses momentos de pura divagação, que havia também no peito desse fumante inveterado o colecionador de objetos de arte, o fotógrafo de gente anônima, o defensor das coisas públicas, o solteirão convicto que usava robe de chambre, bebia muito, tinha obsessão por remédios e acompanhava com uma vela acesa as intermináveis procissões. (TLA, p. 21)

A trama se passa na cidade de São Paulo, em 1993, ano da comemoração do nascimento do poeta. Num tom de conversa bem-humorada com o leitor, as ações se esparramam – para usar de um tom "andradino", via Jorge Miguel Marinho.

Todas as personagens procuram pelo poeta por motivos diferentes, mas sua grande dificuldade está no desaparecimento do poeta dos quadros, das fotografias e das estampas de artigos, de livros e até da cédula de 500 cruzeiros. Frederico Paciência, Maria, Rodrigo, Fräulein Elza, Paulino e Macunaíma saem em busca do homenageado, o que leva o leitor a concluir que, em vida, Mário de Andrade talvez fosse mesmo avesso às comemorações formais.

As personagens têm uma vida própria, como se pode observar na passagem em que Frederico Paciência deixa claro que possui outros interesses que não os de Juca, narrador do conto "Frederico Paciência". Basta observar a seguinte afirmação dessa personagem:

Acontece que não sou poeta, não sou mesmo, nunca fui. Estou aqui mais para ajustar umas contas. E pra isso não vou ficar com escrúpulos de roubar umas palavras do Mário do mesmo jeito que o Mário me roubou. (TLA, p. 11)

Até um determinado momento, o que aparece são indicações dos traços desse narrador que já viveu uma outra história e carrega consigo mágoa e invejas disfarçadas num silêncio contemporizador:

Mas a história que eu inicio agora aconteceu comigo e eu mesmo acompanhei cada um dos fatos com esses olhos que a terra não há de comer. (TLA, p. 9)

A personagem Frederico Paciência cumpre dois estigmas: acertar contas de sua atuação no passado de *Contos novos* e, em conseqüência, investigar o mistério que envolve a escrita. Para isso deixa claros seus sonhos, desejos e angústias, tendo em vista sua atuação no conto "Frederico Paciência". Nesse tecer metalingüístico, próprio também de Mário de Andrade, Frederico Paciência se pergunta sobre a criação de sua personagem:

[Tatiana ...] estava sentindo uma falta de alegria que não era dela, qualquer coisa como um decalque de mágoa que gruda na alma da gente e não faz parte de nós. Eu ainda sinto isto uma vez ou outra quando leio o conto que o Mário me fez ou faz pro mundo tirando a história de dentro dele, do mais fundo de mim. É tão difícil viver assim reduzido a umas poucas páginas desenhadas pelo olho míope de quem me inventou: ele. Não sei se agora sou melhor ou pior do que realmente fui. (TLA, p. 15)

Sabemos que Frederico Paciência representa uma das faces do grande Mário – a existência de um possível diálogo entre personagem e escritor traz à tona o questionamento sobre as teias que prendem a personagem ao ponto de vista do narrador – e do arquiteto/escritor:

> O que sei mesmo é que ele foi me moldando para me ver melhor. Por isso não vou me revelar apenas do modo que ele me viu. (TLA, p. 21)

Outro exemplo que marca essa subordinação ao escritor é a fala de Frederico Paciência em outro momento do texto:

> Mas era assim que eu falava, oras! Às vezes eu falava assim. Ou foi o Mário que pôs essas palavras dentro de mim? (TLA, p. 27)

Outras personagens criadas pelo escritor modernista se encontram e entram em cena outras histórias ligadas por um único veio, a figura de Mário de Andrade. Elas são apresentadas passo a passo e ajudam a compor o multifacetado Mário de Andrade. No conjunto eles tematizam diversos valores. Um deles é o valor "paciência", um dos traços particulares de Frederico Paciência, já que, como ele próprio diz, esperou tanto tempo para ajustar contas! É óbvio que todas as outras personagens também apresentam traços significativos de Mário de Andrade. Elas mascaram um Mário de Andrade que uma simples biografia não daria conta. Por isso, "biofantasia" é um termo bem mais apropriado. Trata-se de uma biografia diferente, em que realidade e ficção se mesclam de tal forma que Mário de Andrade, problema-chave desse jogo, homem e poeta, delineia-se ao mesmo tempo uno e múltiplo em sua prática literária de vida. Tatiana buscava

[...] o homem que devia morar num lugar bem fundo do poeta. Mas o poeta era o homem, principalmente nas obras de Mário, que nunca quis descasar a vida da ficção. (TLA, p. 17)

Foi com esse perfil grave e silencioso que Tatiana tentou moldar o retrato do Mário na matéria marmórea de uma biblioteca municipal. (TLA, p. 19)

Logo a seguir aparece a personagem Rodrigo, cujo traço nacionalista, presente em *Contos novos*, reaparece aqui como a segunda pele de Mário de Andrade.

A tentativa de apreensão da realidade da vida por meio da escrita é apresentada pouco depois, nas palavras do personagem-narrador:

Pela paciência dele que no fundo é meu estigma também, resolvi quebrar a cronologia da história e apresentá-lo agora de uma vez... Façamos então o seguinte: enquanto Tatiana pega um ônibus, depois o metrô que nos leva até o sobrado da Rua Lopes Chaves onde o Mário morou tanto tempo com a mãe e a tia Nhanhã, eu mostro um pouco desse outro homem pra vocês. Assim a história vai correndo por dois caminhos, já que a vida é muito mais e eu [...].(TLA, p. 29)

Em seguida, aparece Elza, a Fräulein do *Amar: verbo intransitivo*, correta, simples, não aventureira, séria, orgulhosa de sua profissão e não meiga por temperamento. Várias vezes o narrador, Frederico Paciência, diz que ele e a Fräulein são parecidos. "Por um lado, eu e a Fräulein somos tão iguais" (*TLA*, p. 39), diz Frederico Paciência.

Elza tem o desejo de realizar "o sonho", de encontrar, como ele próprio diz: "O homem do sonho que o Mário pôs no idílio e ficou sendo uma promessa pra mim!" (*TLA*, p. 32). Os valores paciência, dedicação na profissão, amor e planejamento são próprios da Fräulein e também do autor Mário de Andrade.

Em *Amar, verbo intransitivo: idílio,* esse sonho aparece explícito:

> *No filho da Alemanha tem dois seres: o alemão propriamente dito, homem do sonho; e o homem da vida, espécie prática do homem do mundo que Sócrates se dizia: o alemão propriamente dito é o cujo sonha, trapalhão, obscuro, nostalgicamente filosófico, religioso, idealista, incorrigível, muito sério, agarrado com a pátria, com a família e 120 quilos[38].*

Do mesmo modo, todas as outras personagens aparecem e todas deixam uma pista que pode indicar seu passado e o porquê de sua aparição e de sua procura no texto *Te dou a lua amanhã...*.

Assim também acontece com a personagem Maria, seu primeiro amor, uma prima aos três anos. No conto "Vestida de preto", a personagem é descrita: "Maria estava na porta, olhando para mim, se rindo, toda vestida de preto"[39].

Ainda no mesmo conto, continua a descrição de Maria:

> *Foi este o primeiro dos quatro amores eternos que fazem da minha vida uma grave condensação interior. Sou falsamente solitário. Quatro amores me acompanham, cuidam de mim, vêm conversar comigo. Nunca mais vi Maria, que ficou pelas Europas, divorciada afinal [...][40]*

E a reflexão continua:

> *Minha impressão é que tenho amado sempre... Depois do grande amor por mim que brotou aos três anos... e durou até os cinco mais ou menos, logo o meu amor se dirigiu para uma espécie de prima longínqua que freqüentava a nossa casa[41].*

Mas em *Te dou a lua amanhã...* vem a confirmação, o desejo de aventura, do que poderia ter sido e não foi, o desejo de amar:

> *Quanto à mulher vestida de preto, essa é um mistério. Sei que ela é de verdade, foi o primeiro dos quatro amores eternos do Mário, existiu. Se não deu certo, não deu, ora. Acontece que a vida foi silenciosa demais com os dois. Nem ele disse, nem ela confessou o amor. E olhe que os dois viveram juntos a infância e toda a adolescência, um quase dentro do outro, misteriosa mudez das paixões. Se ele tivesse mostrado, se ela tivesse visto, ninguém fez. (TLA, p. 57)*

O ponto de partida e de chegada desse jogo é sempre a figura de Mário de Andrade. Muito pouco se sabe sobre ele no início do jogo, mas, no final, o jogador se enriquece com a multiplicidade e a diversidade de abordagens propostas e sua curiosidade recai, então, sobre Jorge Miguel Marinho. Mas o jogo torna-se bastante difícil na medida em que exige interesse, atenção e persistência. Apesar de todas as dificuldades, é gratificante descobrir, por exemplo, a necessidade que leva Frederico Paciência, personagem do conto "Frederico Paciência", depois de tanto tempo, a justificar a sua posição de "silencioso" e a dialogar com seu autor. Veja-se o texto:

> *Estou aqui mais para ajustar umas contas. E para isso não vou ficar com escrúpulos de roubar umas palavras do Mário do mesmo jeito que o Mário já me roubou. (TLA, p. 11)*

O resultado desse jogo, dessa leitura, é o conhecimento das publicações de Mário de Andrade e das leituras que podem ser feitas sobre as obras do autor, a circularidade que se alcança ao se descobrir, por meio das pistas, quem é realmente ele. O núcleo é Mário de Andrade: dele emanam todas as possíveis histórias que agora se conjugam em novas ações, tecidas por Jorge Miguel Marinho.

Ao final do jogo, o leitor constrói um Mário de Andrade, personagem/autor, insuflado de uma alma poética feliz, e acaba, sem querer, aprendendo literatura de forma bastante atraente e prazerosa. O leitor descobre alguns dos meandros que cercam a ficção, como, por exemplo, a diferença entre a fantasia e a realidade. Vejam-se os exemplos em que a personagem Frederico Paciência discute isso: "Essa vantagem de nunca acabar eu levo sobre vocês, leitores atentos, que ao longo dos acontecimentos vão me entender muito melhor" (*TLA*, p. 9); e em "[...] E quanto a mim que vivo de pulsações da fantasia, é difícil demais fisgar as coisas [...], as coisas não, a verdade de cada um" (*TLA*, p. 11).

Sem sombra de dúvida, o leitor fica pateticamente absorvido e até mesmo exausto pelo exercício de teoria literária a que se submete com a leitura desse livro. Mas movido, quem sabe, pela idéia de "paciência" (que Frederico Paciência tanto exaltou) e pela "saudade" (sentimento feliz que o Mário legou aos seus íntimos leitores) ou porque tenha como senha a "curiosidade" (sentido maior dos autores Mário e Jorge e do narrador Frederico Paciência) e como necessidade a decifração do "enigma" que circunda Mário de Andrade e dos "mistérios" que fazem parte dos percalços de suas personagens, o leitor insiste na idéia de desejar ter "olhos de ver".

É verdade que essa exaustão não é danosa, mas pode ser perigosa pelo prazer sempre maior que a arte da palavra, o sentimento estético, oferece e pela transparência que acarreta. É claro que o exercício do leitor é, sempre, uma investigação no terreno da estética. Com essa aula de teoria literária, com essa preocupação com a oposição realidade/ficção, com o diálogo entre a literatura infanto-juvenil e a literatura brasileira, com a maestria com que o autor manipulou, trabalhou as palavras artisticamente e demonstrou quem é Mário de Andrade, os leitores sentem-se tomados de uma saudade feliz do Mário, daquele que invencionou na linguagem e cuja alma brasileira aparece exposta aqui.

O leitor participa da construção da história o tempo todo. E a preocupação com este aparece sempre, como no trecho em que o narrador se dirige aos leitores: "Sosseguem que essa Fräulein não vai tirar de vocês a Fräulein que vocês já leram. Se leram, não sei" (*TLA*, p. 37).

Dessa forma, Jorge Miguel Marinho utiliza uma técnica semelhante à que Mário de Andrade empregara em *Amar, verbo intransitivo*. Veja-se o trecho:

> *Não vejo razão pra me chamarem vaidoso se imagino que o meu livro tem neste momento 50 leitores. Comigo 51. Se este livro conta 51 leitores sucede que neste lugar da leitura já existem 51 Elzas. É bem desagradável, mas logo depois da primeira cena, cada um tinha a Fräulein dele na imaginação... Outro mal aparece: cada qual criou Fräulein segundo sua própria fantasia e temos atualmente 51 heroínas para um só idílio[42].*

A preocupação com o fazer literário, com o buscar a melhor forma, com o ritmo, o estilo, a forma, está presente nas *Cartas a Manuel Bandeira*, onde Mário de Andrade diz "Abandonei, posso assim dizer, a poesia, estou perdido em pesquizas de expressão", e dá seqüência a seu pensamento:

> *Ainda continuo neste pensar: versos são para se dizer. O poeta é sempre um rapsodo. Em todo caso procuro agora tirar dos meus versos essa musicalidade demasiado objetiva, visando conservar a arte da palavra dentro dos meios que lhe são próprios; clareza, sonoridade falada, sentido de dicionário, etc.[43]*

Cumprindo o estigma de Mário de Andrade, Jorge Miguel Marinho realiza uma obra que é uma verdadeira "pesquiza de expressão" no dizer próprio de Mário, não só porque utiliza palavras de cunho informal e que muitas vezes não seguem os preceitos que a gramática tradicional dita, mas também porque procura harmonizar, da melhor forma possível, o pensamento e a vida de Mário de Andrade. Ao utilizar a linguagem carregada de significado, Jorge Miguel Marinho cumpre o papel do escritor que tenta a realização do belo literário.

Na verdade, o livro *Te dou a lua amanhã...* é um exercício de teoria literária que vem ao encontro dos estudos da chamada "estética da recepção", que, por sua vez, valoriza o texto como algo que muda indefinidamente com as leituras e a concepção dos leitores, e estes concebem a literatura como uma realidade dinâmica, versátil, como um diálogo constante entre obras e leitores. Segundo Hans Robert Jauss, iniciador desses estudos,

> *[...] a história literária deverá, por seu turno, assumir como finalidade específica o estudo do processo de recepção e produção estética, que se realiza pela atualização de textos literários no leitor que os recebe, no próprio autor que os produz e na crítica que sobre eles reflete.*[44]

Tudo em *Te dou a lua amanhã...* é poesia, a começar pela idéia do autor, Jorge Miguel Marinho, de transformar o que poderia ser uma "simples biografia" em uma história cuja trama não só envolve e explicita particularmente quem é Mário de Andrade, homem e poeta, e seu valor para a literatura brasileira e para a modernidade, como também propicia um "exercício de teoria literária" e uma procura "dentro" e "fora" da própria história. A essa dupla articulação corresponde um modo de ver e vivenciar característico da contemporaneidade, pois, se de um lado se tem uma história comum, de outro o leitor constrói uma outra história, com base nas pistas fornecidas pelo narrador.

Todo mundo sai ganhando em *Te dou a lua amanhã...*: Tatiana, que tem como meta a montagem de uma biografia, portanto, a procura da verdade sobre Mário, acaba descobrindo que existe uma verdade interior, diferente daquilo que é apresentado superficialmente sobre o autor, e descobre que o segredo do Mário de Andrade está nas imagens simultâneas e multifacetadas que uma busca profunda pode acarretar. Frederico Paciência se descobre "falante" por uma necessidade interior e cremos mesmo que a palavra-chave que o identifica é "acreditar". Ele escreve porque precisa acreditar, acreditar no Mário, acreditar em si próprio e aceitar suas vicissitudes (dele e do Mário, é claro!). A mulher de preto busca realizar seu sonho de aventura. A Fräulein caminha sempre ao encontro de seu objetivo, Rodrigo é bastante persistente, e Macunaíma não perde o seu caráter de herói, mas ganha outras nuances que lhe acrescentam ares próprios para a época atual.

Essa "biofantasia", entrelaçamento entre fantasia e realidade, difere de uma simples exposição de fatos e datas e propõe uma certa dinamicidade, resultado da presença de teoria diluída na narrativa de ficção, de uma certa dose de romance policial e da preocupação com a apresentação de uma outra categoria de leitor, aquele que participa da trama. Tudo isso faz com que a relação pensamento e linguagem constitua um aspecto fundamental na obra de Jorge Miguel Marinho. E tudo isso só é possível graças ao trabalho de intertextualidade desenvolvido pelo autor.

Observando-se, portanto, a linguagem adotada, os temas abordados, suas variações e a técnica empregada, é possível estabelecer para a produção literária de Jorge Miguel Marinho um lugar de realce na literatura brasileira para crianças e jovens de nossos dias.

A PRODUÇÃO LITERÁRIA DE LUCIANA SANDRONI

Seria perfeitamente natural encerrar este ciclo de análises com as apreciações sobre a escritora Lia Neiva ou sobre o escritor Jorge Miguel Marinho, ambos promissores em sua escrita de cunho fantástico e/ou de aventura, ora buscando expressar os vários movimentos literários presentes nas diversas épocas por que passamos, ora fincando raízes num momento específico como o Modernismo e alinhavando os passos de um determinado autor como Mário Andrade. Mas sem dúvida ficaria faltando um enaltecimento à figura de Lobato, que Luciana Sandroni tão bem faz em seus últimos escritos. Os estudiosos da literatura infanto-juvenil brasileira não descartam a influência de Lobato e o citam como alusão a um passado que deu certo e marcam sua influência como profundamente presente na atualidade. É o que se vê com a produção literária da escritora Luciana Sandroni.

Ela iniciou sua vida literária bem recentemente, precisamente em 1989, quando lançou o livro intitulado *Ludi vai à praia: a odisséia de uma marquesa*. Ludi torna-se personagem de um outro livro seu: *Ludi na TV*, publicado em 1994. São aventuras fantasiosas e atuais pelas quais a personagem principal passa. A identificação do leitor com a protagonista é inevitável ou porque o assunto é a infância, ou pela interação do conteúdo com a atualidade vivida pelo leitor. Ludi é uma criança levada, esperta e inteligente, e sua relação com a família é extremamente salutar.

Já *Minhas memórias de Lobato,* que será analisado em seguida, além de todos os dados citados anteriormente, representa uma retomada e uma atualização de aspectos culturais e literários considerados importantes para a literatura infanto-juvenil brasileira. O foco principal do livro é o patrono da literatura infanto-juvenil brasileira, o escritor Monteiro Lobato. Dessa vez tem-se uma biografia diluída num texto propriamente lobatiano. Em Jorge Miguel Marinho analisa-se uma biofantasia, mistura de ficção e realidade numa linguagem andradina. Aqui analisa-se uma biografia com ares de ficção lobatiana. Além do mais, verifica-se a atualidade de Lobato que, na década de 1920, significou um marco diferencial para a literatura dirigida a crianças e jovens e, na década de 1970, representou uma influência positiva para todos os escritores que se lançavam no mercado. Depois, na década de 1990, há a comprovação de que ele representa um modelo ainda vivo, exuberante e sedutor. Os diversos fios textuais tecidos por ele comprovam a sua eficácia ficcional. Horácio Dídimo, no 2º Congresso da ABRALIC, profere uma palestra deveras enriquecedora sobre o trabalho textual de Lobato. Fala de seu texto gerador *A menina do narizinho arrebitado,* datado de 1920, e da paratextualidade exercida pelo escritor ao juntar seus textos esparsos. A intertextualidade de Lobato já se encontra presente quando traz personagens do mundo maravilhoso para convivência no Sítio do Pica-pau Amarelo. Os fios intercontextual – quando traz personagens de outro sistema semiótico para a sua escrita –, extratextual – quando transforma pessoas reais em personagens –, transtextual – quando transforma o teor das fábulas em realidade – e hipertextual – quando cria novas personagens inspiradas em personagens já existentes – também são observáveis no seu tecer.

Por meio da escritora Laura Sandroni é possível reconhecer a riqueza de vida pública de Lobato, de seus pensamentos políticos e de sua ação, que são agora expostos para a criança e para o jovem em *Minhas memórias de Lobato*. Nesse momento a criança e o jovem podem conhecer de perto quem é o criador do *Sítio do Pica-pau Amarelo*. É o que Luciana Sandroni faz ao realizar as memórias do escritor e rememorar suas obras, principalmente ao refazer a idéia mítica do Sítio do Pica-pau Amarelo.

Luciana escreveu ainda *Memórias da Ilha* (1991), onde rememora a sua própria infância, *Gata menina*, *Falta um pé* e *Manuela e Floriana*, todos na década de 1990. Tudo isso demonstra que, aos poucos, a autora vem se lançando no mercado editorial de forma constante.

De modo geral, alguns aspectos sobressaem em seu trabalho: uma linguagem bastante atual e um vocabulário rico, o uso do recurso da intertextualidade e uma certa preocupação pedagógica, como expressava Lobato. Assim acontece com o livro *Minhas memórias de Lobato, contadas por Emília, Marquesa de Rabicó, e pelo Visconde de Sabugosa* (1997), ou, ainda, com *O sítio no descobrimento: a turma do Pica-pau Amarelo na expedição de Pedro Álvares Cabral* (2000) e com *O Mário que não é de Andrade* (2001).

O intuito pedagógico não está só no desejo de relembrar certas imagens ou personagens literários ou mesmo em recordar certos fatos históricos, mas no fazer, no contar a história. Existe todo um cuidado em tornar o assunto claro para o leitor. Tudo é didaticamente descrito. A intertextualidade está presente nas escolhas temáticas e nas apropriações feitas pela autora. Em *O Mário que não é de Andrade*, muito do que Mário de Andrade fez ou escreveu aparece no texto ou é relembrado.

A naturalidade com que o elemento fantasia é introduzido na narrativa torna o seu texto leve e agradável e lembra muito a naturalidade com que as personagens do sítio tinham acesso à fantasia.

Outros aspectos que elevam a sua obra estão relacionados à sua inventividade, às interessantes peripécias criadas e, principalmente, ao tratamento ficcional que o autor confere ao texto. O tom de oralidade, de linguagem coloquial brasileira atrai o leitor infanto-juvenil. O vocabulário utilizado é riquíssimo. Esse estratagema é que permite crescimento e transformação no leitor. O caráter lúdico e fantasioso, o humor, a ironia e a crítica demonstram o nível de criação artística da escritora. O certo é que seus escritos demonstram forte consciência literária.

Não é sem razão que o leitor se sente seduzido por seus livros. Ora identifica-se com a linguagem artisticamente trabalhada e bem próxima da oralidade, ora com a temática, sempre carregada de novos conhecimentos. É o que acontece com *O Mário que não é de Andrade* e com *Minhas memórias de Lobato*. Mário de Andrade e Monteiro Lobato são, reconhecidamente, dois grandes escritores brasileiros e a possibilidade oferecida à criança e ao jovem de conhecer suas vidas e escritos literários e artísticos é extremamente salutar.

Mas o contraponto que realmente interessa ressaltar é o quanto Luciana Sandroni tem suas raízes em Lobato e não em Lygia Bojunga, como se afirmara há 30 anos. A similaridade de Luciana Sandroni com Lobato é incontestável. Se, nos anos 1970, Lygia Bojunga foi enaltecida como retomando o trabalho iniciado por Lobato, hoje pode-se mencionar o trabalho de Luciana Sandroni como modelo lobatiano exemplar. Ela decididamente reaviva, atualiza e rememora o grande patrono da literatura infanto-juvenil brasileira.

Minhas memórias de Lobato

Esse livro trata da vida de Lobato, de algumas descrições relativas à sua infância, da sua trajetória profissional e de seus escritos. E tudo é narrado de um jeito bastante natural para quem nunca leu os livros de Lobato, mas cheio de riqueza de detalhes para quem teve sua infância marcada pelos livros do grande escritor. No segundo caso, a motivação para a leitura reside no fato de o mundo um dia lido poder ser revivido de forma tão singular. Para os iniciantes, o livro traduz a certeza de que viverão momentos entusiásticos, seja pelas características das personagens, seja pela aventura descrita ou pelo assunto tematizado. E ainda resta a motivação para um envolvimento maior com o escritor Lobato, por meio da sugestão de leitura de suas próprias obras, algumas favoravelmente indicadas no decorrer da história.

O fio narrativo é a vida, do nascimento à morte de Monteiro Lobato. O cenário é o Sítio do Pica-pau Amarelo. E as personagens são as mesmas criadas por Lobato.

Lobato dá à linguagem um tratamento original ao buscar reproduzir a fala brasileira, uma das características do Modernismo, com a intenção de travar uma aproximação mais direta com o leitor infantil. Em Lobato encontramos humor, ironia e crítica social, que também são marcas da modernidade. Da mesma forma, o lúdico, a fantasia e ainda o desejo de transmitir ensinamentos estão presentes em seus escritos. Há marca de intertextualidade em seus textos por meio da reinvenção de histórias e personagens de outras histórias.

Luciana Sandroni também perfaz o mesmo caminho de tratamento original da linguagem, aproximando-a dos tons da linguagem utilizada atualmente. A intertextualidade agora é marcada pela inserção da vida do próprio Lobato no contexto do Sítio do Pica-pau Amarelo. Forma e conteúdo se ajustam nesse contar de Luciana.

As personagens são intimamente conhecidas por todos aqueles que, um dia, foram crianças e apegados ao contexto ficcional do Sítio do Pica-pau Amarelo. O tema também é conhecido, pois a boneca Emília já havia escrito memórias tempos atrás, em *Reinações de Narizinho*, outra criação de Lobato. É lugar-comum fazer uma biografia, mas o diferencial é fazê-lo com originalidade, graça, leveza e humor.

A história contida no livro é a seguinte: Emília decide escrever as memórias de Monteiro Lobato. Para isso, pede ajuda ao Visconde de Sabugosa. Entram em cena as personagens criadas por Lobato com todas as suas estrelinhas... A impulsividade de Emília, sua inteligência e esperteza aliadas ao saber do Visconde sustentam a narrativa até o fim. O Visconde pesquisa, conta e escreve, enquanto Emília ouve, critica e, depois, toma para si a autoria do escrito. Cabe ao Visconde o relato da vida de Lobato, enquanto Emília faz gracejos, e opina. A partir de um determinado momento na narrativa, a vida literária de Lobato começa a ser descrita na forma de um contar dentro da história principal, que são as conversas entre o pessoal do sítio.

Não há menção do tempo que Emília e o Visconde gastam para contar a vida de Lobato, mas sabe-se que eles levam um livro inteiro para isso, pois tudo se passa no tempo da ficção, no tempo do sítio do Pica-pau Amarelo. Veja-se o exemplo:

> *Dona Benta não entendeu nada. Será que Emília estava sofrendo de amnésia e tinha esquecido que já tinha escrito as Memórias da Emília?*
>
> *– Mas, Emília, você já escreveu suas memórias. Não me diga que já tem um segundo tomo!*

– Não, é que eu tive a idéia de escrever as memórias do Lobato, e é claro que metade do livro vai ser sobre mim, já que eu sou a personagem mais importante que ele criou. Por isso o livro vai se chamar "Eu e Lobato"[45]. (MML, p. 3)

Intercalações pertinentes e concernentes à vida de Lobato são acrescentadas naturalmente à narrativa, como a promover a reflexão crítica por parte do leitor e instruí-lo sobre a pessoa de Lobato:

– Mas, Emília, está certo que o Lobato ficou muito famoso porque escreveu os livros aqui do Sítio, e colocou na sua boquinha todas as críticas e reclamações que ele teve deste mundo, mas além disso ele foi um grande contista, inventou o Jeca Tatu, fez campanha sanitarista, foi um grande editor de livros e, como você deve saber, foi um dos primeiros brasileiros a bater o pé dizendo que no Brasil tinha petróleo, numa época em que todo mundo ria disso. Parece até que você não leu O Poço do Visconde. Então, eu acho que o livro deve se chamar "Lobato e o petróleo". (MML, p. 4)

Aquele jeitinho da Emília falar e o fato de se achar importante, característica que Lobato tão bem apresentou, também aparece. Emília não perde suas características:

– Lobato e o petróleo? Que idéia, Dona Benta! É claro que eu sou muito mais importante pro Brasil que o petróleo! Eu sou a independência ou morte! A senhora só pode estar brincando! Está certo que eu escreva um capítulo sobre o petróleo, ou melhor, um parágrafo, mas mais que isso não tem caimento! (MML, p. 4)

Fica claro, para o leitor, a importância que o escritor Lobato deu à personagem Emília por meio da visão da própria Emília, que corrobora seu caráter de mandona, egoísta e voluntariosa. Além disso, as asneirinhas que Emília fala o tempo todo estão presentes. Aqui é a palavra "caimento" no lugar de "cabimento".

Na caracterização da Emília até os trocadilhos aparecem:

– Espera aí, Visconde, você estava na infância do Lobatinho e agora ele já está afundando editora?

– Fundando, Emília... (MML, p. 14)

[...] mas mais que isso não tem caimento!

– Cabimento, Emília.

– Caimento! Caimento! (MML, p. 4)

A personagem Visconde cumpre o papel de intelectual, disciplinado como sempre:

– Está bom, a senhora ganhou, vai ter pesquisa, sim, mas só um pouquinho, e quem vai fazer é o Visconde! (MML, p. 5)

[...]

Emília sai correndo atrás da tia e deixa o Visconde a ver navios. Ele se conforma e começa a procurar os livros sobre Monteiro Lobato. São livros e mais livros. Todos contam tintim por tintim a vida de Lobato. O sabugo teve uma trabalheira: leu muito e anotou tudo o que achava importante. Passou horas e horas na biblioteca só pesquisando. Depois de muita leitura, começou a escrever, e quando já estava terminando a parte da infância do Lobato... (MML, p. 9)

Logo no início aparece a menção às primeiras memórias da Emília:

– Nem adianta fazer essa cara, senhor Visconde. Veja logo papel, pena e tinta. Vou começar a ditar! E veja se desta vez não me trai, hein?

Quando Emília obrigou o Visconde a escrever as memórias dela enquanto a danada brincava com o Quindim, ele deu uma de espertinho e escreveu coisas horrorosas sobre a boneca: "Emília é uma tirana sem coração. Não tem dó de nada. Quando Tia Nastácia vai matar um frango, todos correm de perto e tapam os ouvidos. Emília, não. Emília vai assistir. Dá opiniões, acha que o frango não ficou bem matado, manda que Tia Nastácia o mate novamente e outras coisas assim. (*MML*, p. 6)

O interessante é o trabalho com a linguagem. O vocabulário é rico de palavras não usuais no trato cotidiano e de outras inventadas:

O sabugo resolveu parar de falar para ver as asneirinhas que a boneca ia dizer. Trouxe papel, pena e tinta. Como sempre, Emília não tinha a mais remota idéia de como começar, e, tal como nas suas memórias, fez exigências esdruxulíssimas para adiar o início do livro. (MML, p. 7)

– Marquesa, a senhora sabe perfeitamente que não temos nenhuma dessas coisas, e como já sei que sem essa parafernália a senhora não tem condições de escrever, é melhor que esqueçamos tudo isso.

Em *Minhas memórias de Lobato* há uma infinidade de exemplos de referências à obra de Lobato. Quando Emília, no passado, tentou escrever suas memórias, foi usando essa mesma fórmula que ela iniciou o escrito que acabou não vingando:

Esse papel não serve, quero papel cor do céu com todas as suas estrelinhas! E essa tinta também não serve, quero tinta cor do mar, com todos os seus peixinhos! E essa pena, senhor

Visconde, francamente! Quero pena de pato com todos os seus patinhos! (MML, p. 7)

A biografia mesmo fica separada do restante da narrativa. A diagramação é outra e o tipo de fonte utilizado também!

José Renato Monteiro Lobato nasceu no dia 18 de abril de 1882, na cidade de Taubaté, em São Paulo. Lobato foi o primeiro filho [...]. (MML, p. 1)

A preocupação pedagógica, ou seja, oferecer o maior número de informações ao leitor não só com relação ao assunto que está sendo tratado, mas também com relação à própria escrita, está o tempo inteiro presente. Observem-se estes dois exemplos:

Emília não entendeu essa parte:

— Ué, por que as netas não poderiam realizar os sonhos dele?

— É que naquela época as mulheres ficavam dentro de casa, não estudavam nem trabalhavam. Por isso os pais e avôs ficavam querendo filhos e netos homens, para trabalharem como eles. (MML, p. 12)

[...]

— O poeta se chama Carlos Drummond de Andrade, Emília, e o que ele fez foi licença poética. Ele quis dizer que para ele Minas acabou, porque não é mais a Minas da infância dele, entendeu? No seu caso é diferente, você não está fazendo poesia e sim uma biografia. Não pode inventar a vida de uma pessoa que nasceu, foi criança, cresceu, publicou livros, casou. Você tem que pesquisar, ver as datas, os nomes. Tem que ler todos os livros sobre ele, mas sem inventar. Vá lá que você

invente nas suas memórias o que não aconteceu realmente, mas nas dos outros é demais, Emília! (MML, p. 5)

Por tudo o que foi apresentado, verifica-se a influência da palavra de Lobato ainda hoje na literatura infanto-juvenil brasileira. Aliás, se há um programa televisivo/educativo que até hoje não saiu de moda, este é o "Sítio do Pica-pau Amarelo", que teve a sua primeira adaptação para a televisão (teleteatro da TV Tupi de São Paulo) no ano de 1951, por Tatiana Belinky. A TV Globo, nos anos 1970, promoveu outra adaptação do mesmo texto que obteve pleno sucesso. Atualmente, a TV Globo resolveu investir no mesmo texto, dando-lhe uma roupagem nova e o resultado tem sido positivo. Dessa vez Luciana Sandroni está à frente dessa mais recente adaptação.

Notas do capítulo

[1] FORSTER, Edward Morgan. *Aspectos do romance*. Trad. Maria Helena Martins. 2ª ed. São Paulo: Globo, 1998, p. 25.

[2] Premiado pelo INL (1971) e pela Câmara Brasileira do Livro (1973). Esse livro foi premiado tanto por seu texto como pela ilustração de Gian Calvi. Também foi indicado para a Lista de Honra do International Board on Books for Young People (IBBY).

[3] *Angélica* recebeu o prêmio Ofélia Fontes, tendo sido considerado "O melhor para a Criança" (1975) – FNLIJ. *A bolsa amarela* também recebeu o mesmo prêmio em 1976, além de ter sido indicado para a lista de honra da IBBY em 1978 e premiado na categoria "tradutor/indicação de autor". *A casa da madrinha* recebeu o prêmio Orígenes Lessa e foi considerado "O melhor para o Jovem" (1978) – FNLIJ e também o prêmio "Os melhores para a juventude", concedido pelo Senado de Berlim (1985). Em 1985 recebeu o prêmio literário Flautista de Hamlin, comemorativo dos 700 anos dessa cidade. *O sofá estampado* recebeu o prêmio Orígenes Lessa, tendo sido considerado "O melhor para o Jovem" (1980) – FNLIJ. Recebeu também o Grande Prêmio da Crítica (APCA, 1980) e o prêmio Bienal/Noroeste de Literatura Infantil e Juvenil (1982). O livro *Corda bamba* também foi considerado "Altamente Recomendável para o Jovem" (1979) pela FNLIJ. Em 2004, a autora foi reconhecida com o maior prêmio internacional jamais instituído em

prol da literatura para crianças e jovens, criado pelo governo da Suécia, o prêmio ALMA (Astrid Lindgren Memorial Award), pelo conjunto de sua obra. Também em 2004, recebeu o prêmio "Faz diferença", como personalidade literária do ano, pelo jornal O Globo.

[4] Cf. informações em SANDRONI, Laura, op. cit., pp. 13-4.

[5] Idem, ibidem.

[6] *Seis vezes Lucas* (*Hors concours*) recebeu o prêmio Orígenes Lessa e foi considerado "O Melhor para o Jovem" (1996) – FNLIJ e o prêmio "Jabuti" (1997) – CBL.

[7] *O meu amigo pintor* recebeu o Prêmio Molière – 1985 e Prêmio Mambembe de Teatro – 1986.

[8] *Tchau* foi considerado "O Melhor para o Jovem" (1985) – FNLIJ e Seleção dos melhores livros da Biblioteca Internacional da Juventude de Munique (1987).

[9] *Livro, a troca* representou a Mensagem do Dia Internacional do Livro Infantil – FNLIJ.

[10] Com *Fazendo Ana Paz* a autora ganhou o prêmio Jabuti e o prêmio White Reavens da Biblioteca Internacional da Juventude (1993). Considerado também "Altamente Recomendável para o Jovem" (1992) – FNLIJ.

[11] *Nós Três* foi considerado "Altamente Recomendável para o Jovem" (1990) – FNLIJ.

[12] *Paisagem* foi considerado "Altamente Recomendável para o Jovem" (1992) – FNLIJ.

[13] *O abraço* (*Hors concours*) foi considerado "O Melhor para o Jovem" (1996) – FNLIJ. Recebeu o prêmio "Adolfo Aizen" (1997) – União Brasileira de Escritores.

[14] *O rio e eu*, foi considerado "Altamente Recomendável para o Jovem" (1999) – FNLIJ.

[15] BOJUNGA, Lygia. *A cama*. Rio de Janeiro: Agir, 1999. Abreviado *AC* em final de citação. Recebeu o prêmio "Orígenes Lessa" (Hors Concours) – União Brasileira de Escritores (UBE) 1999 e o prêmio "Júlia Lopes de Almeida (Hors Concours) – União Brasileira de Escritores (UBE) 2000.

[16] TODOROV, Tzvetan. *Poética da prosa*. Trad. Maria de Santa Cruz. Lisboa: Edições 70, 1971.

[17] RANGEL, Pedro Paulo. *O assassinato do conto policial*. São Paulo: FTD, 1989. Abreviado *ACP* em final de citação.

[18] São também de sua autoria os seguintes livros: *A verdade* (1968), que lhe garantiu o prêmio Walmart, *Folia dos tempos* (1971), *Alucinação* (1975), *O carrossel e a feiticeira* (1976), *Na República de 1º de abril* (1984) e *O irreverente punhal da subversão* (1987).

[19] Ganhador do Prêmio Orígenes Lessa, tendo sido considerado "O Melhor para o Jovem" (1989) – FNLIJ.

[20] Esse livro também foi premiado pela FNLIJ, tendo sido considerado "O Melhor para o Jovem" (1990).

[21] O livro *Assassinato na floresta* foi considerado "O Melhor para o Jovem" (1991) – FNLIJ.

[22] Por uma questão didática e para evitar discussões metodológicas e sobre terminologia, adota-se a nomenclatura "narrativa policial", "narrativa policialesca" ou "escrita policial" sempre que há uma referência ao gênero de caráter policial.

[23] BOILEAU & NARCEJAC. *La novela policial*. Buenos Aires: Letras Mayúsculas Editorial Paidos, 1968.

[24] TODOROV, Tzvetan. "Tipologia do romance policial". In: TODOROV, Tzvetan., op. cit.

[25] EAGLETON, Terry, op. cit.

[26] CANDIDO, Antonio. *A educação pela noite e outros ensaios*. São Paulo: Ática, 1986, p. 82. Levantamento detalhado feito por Jerrold Tieje em seu livro intitulado *The critical heritage of fiction*, escrito em 1579.

[27] Considerado "Altamente Recomendável para o Jovem" (1987) – FNLIJ.

[28] Considerado "Altamente Recomendável para o Jovem" (1990) – FNLIJ.

[29] NEIVA, Lia. *A gata do rio Nilo*. Rio de Janeiro: José Olympio, 1999. Abreviado *GRN* em final de citação.

[30] Considerado "Altamente Recomendável para o Jovem" (1999) – FNLIJ.

[31] Considerado "Melhor Livro para o Jovem" (1995) – FNLIJ.

[32] Ganhador do prêmio "Altamente Recomendável para Jovens" (1989) – FNLIJ e prêmio "Melhor Livro Juvenil" da APCA (1990).

[33] Livro ganhador do Troféu HQ MIX, em 1996.

[34] Já se dedicou à poesia e ao teatro de modo geral. Alguns de seus trabalhos dirigem-se mais especificamente ao adulto que à criança e ao adolescente. *Hóspede da memória*, *Um fato de ocasião*, *Catar-se* e *Estilhaços* são exemplos de peças teatrais. Alguns de seus contos foram publicados nos Estados Unidos e na França.

[35] Livro ganhador do prêmio Jabuti (1993) e do prêmio Orígenes Lessa – FNLIJ.

[36] ANDRADE, Mário. *Amar, verbo intransitivo*. 7ª ed. São Paulo: Martins, 1978, p. 60.

[37] MARINHO, Jorge Miguel. *Te dou a lua amanhã: biofantasia de Mário de Andrade*. São Paulo: FTD, 1993. Abreviado com a sigla *TLA* em final de citação.

[38] ANDRADE, Mário de, op. cit., p. 26.
[39] ANDRADE, Mário. "Vestida de preto". In: ANDRADE, Mário. *Contos novos*. São Paulo: Martins, 1973, p. 17.
[40] Idem, ibidem, p. 18.
[41] Idem, ibidem, p. 7.
[42] ANDRADE, Mário. *Amar, verbo intransitivo*, op. cit., p. 21.
[43] BANDEIRA, Manuel (org.). *Cartas de Mário de Andrade a Manuel Bandeira*. Rio de Janeiro: Org. Simões, 1958, p. 16.
[44] JAUSS, Hans Robert. *A história da literatura como provocação à teoria literária*. Trad. Sérgio Tellaroli. São Paulo: Ática, 1994, p. 16.
[45] SANDRONI, Luciana. *Minhas Memórias de Lobato, contadas por Emília, Marquesa de Rabicó, e pelo Visconde de Sabugosa*. Il. Laerte. São Paulo: Companhia das Letrinhas, 1997. Abreviado com a sigla *MML* após cada citação.

CONSIDERAÇÕES FINAIS

Desde o início, a proposta era investigar a produção literária brasileira destinada a crianças e jovens para ressaltar sua importância cultural nos anos 1990. Isso foi feito por meio da análise de textos de alguns autores brasileiros dessa década. Mas a qualidade literária observada nesses textos leva ainda mais longe, comprovando o quanto a produção literária infanto-juvenil brasileira está ricamente florescente e amadurecida em nossa cultura atualmente.

Sabia-se que somente a disciplina literatura comparada poderia oferecer esse suporte investigativo. Por isso, o primeiro capítulo tratou do estudo da referida disciplina, sua natureza, função e evolução. Não só se conheceram os questionamentos que alicerçaram as reflexões dos comparatistas no afã de consolidação da disciplina como também acompanharam-se as transformações sociais, políticas e culturais que promoveram a ampliação dos estudos comparados, permitindo que seu olhar também se estendesse até a literatura infanto-juvenil. A relativização do gosto, a modernidade e o crescimento de uma indústria cultural facilitaram o diálogo e permitiram o exame da produção literária destinada a crianças e jovens, inicialmente com o intuito de verificar que aspectos culturais estariam no bojo de tal produção e o que significariam. Essa foi a assertiva mais geral a dar impulso a todos os caminhos pelos quais este estudo enveredou.

O segundo capítulo apresentou o panorama da literatura infanto-juvenil no mundo e no Brasil e demonstrou o quanto essa produção literária brasileira dirigida à criança e ao jovem está integrada a essa tradição universal.

Entre a tradição oral e a tradição escrita, o caminho natural da produção literária infanto-juvenil brasileira se faz atrelado à necessidade de escolarizar as crianças, de adequar um vocabulário – num tom mais coloquial e mais apropriado a crianças e jovens –, e, por último, de incentivar a leitura. De sua formação inicial até agora, pôde-se constatar o quanto o contexto histórico e a necessidade de estabelecimento de uma identidade própria permearam o caminho dessa literatura e a matizaram culturalmente. A observação e a exaltação da natureza brasileira, o enaltecimento de feitos históricos, o discurso gradativo e acentuadamente brasileiro e o tom cada vez mais coloquial demonstram o caráter particular dessa literatura. Dessa fase inicial, repleta de importações, traduções e imitações, passa-se para uma fase de transição, em que as traduções se apresentavam como adaptações, demonstrando o despertar de uma criação já brasileira – da qual se destaca a figura de Monteiro Lobato –, até uma fase de expansão, em que se trilharam os caminhos abertos principalmente por essa figura. Os anos 1970 representaram um marco, com o surgimento de novos autores, e a exploração de outros temas em novas formas de abordagem. Acompanhando o ideal modernista, havia um desejo de libertação de padrões tradicionalmente aceitos, havia também a necessidade de apresentação de valores novos e a manutenção de outros mais antigos e ainda a consciência da necessidade de reflexão sobre problemas nacionais. Existia também uma tentativa por parte da produção artística de alcançar as camadas populares; daí a utilização de motivos populares e do emprego de uma linguagem inovadora.

Todo um percurso histórico, sem dúvida, leva a uma certeza: a de que a literatura infanto-juvenil brasileira vem se construindo sobejamente. Seguramente, duas décadas após o início dessa fase de expansão, há um momento de pleno amadurecimento, consolidação e alargamento de fronteiras. Tanto o exame da produção literária infanto-juvenil dá conta desse dado, como os estudiosos de modo geral alardeiam esse fato em relação à literatura. Lino de Albergaria[1], Mariza Lajolo e Ítalo Moriconi falam sobre esse assunto. As despretensiosas palavras de Ítalo Moriconi dão idéia sobre essas novas tendências ao fazer algumas afirmações sobre o conto no prefácio de seu livro *Os cem melhores contos brasileiros do século*:

> *Nos anos 1990 não apenas o conto como gênero esteve muito em evidência, como também ficou patente a existência de uma tendência à diversificação estilística e temática claramente apontando para novos caminhos estéticos, distintos dos que prevaleceram desde os anos de 1960 até os anos 1980*[2].

Data de 1951 a observação de Cecília Meireles sobre o elemento literariedade contido nas obras universais que fizeram sucesso entre as crianças. Além de ser fenômeno literário, a literatura infanto-juvenil é um produto destinado a crianças, mas que, em suas origens, nasceu como produto destinado a adultos, apresentando, portanto, a mesma natureza da literatura para adultos. As diferenças que a singularizam são determinadas pela natureza de seu leitor: a criança, o jovem. A essas alturas, pode-se concluir com Ana Maria Machado, que afirma em seu livro denominado *Texturas: sobre leitura e escritos*:

> *A literatura – infantil, juvenil, adulta ou senil, esses adjetivos não têm a menor importância – é constituída por textos que rejeitam o estereótipo. Ler literatura, livros que levem a um esforço de decifração, além de ser um prazer, é um exercício de pensar, analisar, criticar. Um ato de resistência cultural. Perguntar "para onde queremos ir?" e "como?" pressupõe uma recusa do estereótipo e uma aposta na invenção. Pelo menos, uma certa curiosidade diante de uma opinião que não é exatamente igual à nossa – e o benefício da dúvida, sem a convicção do monopólio da verdade. Só a cultura criadora, com sua exuberância, pode alimentar permanentemente essa variedade pujante e nova.*[3]

Literatura é fenômeno de expressão, é uma linguagem específica que, como toda linguagem, expressa uma experiência (a do autor) e provoca outra (a do leitor). A literatura infanto-juvenil já foi uma literatura menor, na época em que os escritos para adultos tiveram de ser adaptados para crianças.

No terceiro capítulo, a partir de um inventário de textos, parte-se para análise, interpretação, observação, descrição e comparação e esmiúçam-se perspectivas. Propositalmente a escolha determinou obras que se encontram no limiar, na fronteira de um novo momento dessa produção literária. Esse círculo de análises comprova o trabalho de qualidade nessa área nos anos 1990. Iniciou-se pelo estudo da produção literária de Lygia Bojunga, chegando até um outro extremo com a apresentação da produção literária de Luciana Sandroni. Nesse trajeto visitaram-se Paulo Rangel, Lia Neiva e Jorge Miguel Marinho. Tudo isso foi articulado nessa ordem, de modo a ressaltar as estratégias, os recursos estilísticos e, com isso, a qualidade de cada um dos escritores em seus escritos. Alguns desses autores, como visto, iniciaram sua vida literária na década de 1970 e até hoje produzem harmonia em seus escritos, todos mantendo um nível de produção coerentemente organizado. Lygia Bojunga, Pedro Paulo Rangel, Lia Neiva, Jorge Miguel Marinho e Luciana Sandroni são exemplos daquilo que deu certo em literatura para crianças e jovens. Eles confirmam a presença de um quarto momento na produção literária brasileira, uma fase que se pode definir como de experimentação e amadurecimento literário.

Lygia Bojunga, por exemplo, iniciou sua carreira de escritora na década de 1970, percorreu os anos 1980 e chegou aos anos 1990 mantendo uma produção de qualidade, e, em 2002, apresentou sua mais recente obra: *Retratos de Carolina*. Com esse livro, a autora inicia uma nova fase já configurada em livros seus anteriores, mas não tão claramente identificada por ela. Ela mesma comenta na orelha desse livro, ser essa a fase

> [...] de investigar que caminho é esse que os meus personagens percorrem a partir do momento em que eu entrego eles pra uma editora até o momento de me encontrar de novo com eles numa livraria ou num outro espaço qualquer, enfarpelados, impressos, encapados, orelhados, plastificados, anunciados... e que caminho era esse meu deus? E, de tanto ficar cismando se o caminho era de pedra, se o caminho era assim ou se o caminho era assado, resolvi trazer pra dentro da Casa essa nova entidade: uma editora. Que não só vai dar guarida aos meus personagens, mas também me revelar o caminho que eles têm que percorrer até chegar a você – que me lê.[4]

Retratos de Carolina é dividido em duas partes. A primeira parte conta a história de Carolina e a segunda deslinda para o leitor como se deu a construção da personagem. A própria autora explica sua idéia para o leitor:

> [...] *se lá no* Feito à Mão *eu uso o espaço da nossa conversa pra te contar como é que eu desenvolvi o projeto de um livro artesanal, aqui, nos* Retratos, *eu uso um espaço diferente (justo quando o livro vai acabando é que eu começo o papo) pra te contar a hesitação que me perseguiu até conseguir botar um ponto final na Carolina. Só que, dessa vez, eu converso com você em feitio de história-que-continua. (RC, p. 163)*

Num determinado momento em que parece haver terminado a história, quando Carolina já está com 24 anos, há um corte e a personagem Carolina começa a dialogar com a autora. Esse é o início da segunda parte do romance, uma busca, um perguntar-se sobre a identidade da autora. A impressão do leitor é de quebra com o encadeamento da história, pois a intenção da autora vai muito, muito além da simples conversa da personagem com o autor sobre a construção de suas personagens. Ela mesma confessa o seguinte:

> *Foi também no* Feito à mão *que eu perdi de vista o meu gosto de privacidade e trouxe as minhas moradas pro texto do livro. Agora, aqui, nos* Retratos, *retorno também essa prática: a de trazer minhas moradas pro meu texto. Mas com um propósito um pouco diferente: o de começar a integrar minhas personagens com os meus espaços (pensando assim: se eu sou uns e outras, por que dissociar uns das outras?), encarando o fato de que agora a gente – meus personagens e eu – passamos, "fisicamente", a morar juntos. (RC, p. 163)*

Inicia-se, portanto, com a idéia de que Lygia Bojunga herdara as características de Lobato, acompanhando o raciocínio da estudiosa Laura Sandroni, mas no decorrer deste estudo verifica-se que ela herdara o posto, mas não as características. A observância de determinadas características semelhantes às apresentadas por Lobato no conjunto de sua obra fez com que os críticos vissem em Lygia Bojunga uma continuadora do grande escritor. Dois aspectos, porém, não se coadunam com essa crítica: a falta de preocupação pedagógica da autora e a sua não preocupação com a transmissão de conhecimentos.

E, se no início ela era comparada com Lobato, o grande expoente da literatura infanto-juvenil brasileira, pela similaridade temática e os recursos que sua obra apresentava, agora, com as inovações que propõe e realiza neste seu mais novo livro, nada mais permitiria semelhança, a não ser a qualidade literária e o fato de querer editar seus próprios livros. O questionamento da identidade continua presente em sua obra, num mergulho cada vez mais profundo. Lygia Bojunga, durante esses 20 anos, posteriores aos anos 1970, distanciou-se desse modelo ideal e revolucionário chamado Lobato para adquirir uma maturidade literária que a identifica hoje como escritora de peso inigualável para a literatura brasileira.

No outro extremo, Luciana Sandroni, que iniciou sua trajetória no final da década de 1980 com deliciosas histórias de aventuras para a garotada, cada vez mais se aproxima de Monteiro Lobato, parecendo incorporar o grande mestre o tempo todo. Sua respiração é lobatiana. Luciana Sandroni consegue captar a visão multifacetada desse escritor, jornalista, empresário, ativista político, publicista, ensaísta, educador e fundador de duas editoras de nome, a Companhia Editora Nacional e a Brasiliense.

Em 2002, a autora adaptou seu livro *Ludi vai à praia* para o teatro. O mesmo já havia feito com *Ludi na TV* e com a série do Sítio do Pica-pau Amarelo para a TV. Seu mais recente livro, embora não fale de Lobato e nem crie uma situação existente nas histórias de Lobato, é parecido no aspecto pedagógico, lúdico e fantasioso, como os dele. Esse livro, intitulado O *Mário que não é de Andrade,* apresenta uma biografia nada disfarçada do grande escritor modernista, Mário de Andrade, onde a fantasia é acessada de forma natural como o fazia Lobato em seus escritos.

Em Jorge Miguel Marinho, tomando o exemplo do *Te dou a lua amanhã...*, as personagens de Mário de Andrade são retomadas do ponto em que pararam e do jeito que eram, e elas agora se questionam e seguem caminhos diferentes dos propostos na obra original. Não se trata apenas de um exercício de reescrita. Existem correspondências com a fonte, mas a análise criteriosa demonstra que Jorge Miguel Marinho reatualiza os textos de Mário de Andrade ao dialogar com a produção deste, o mesmo ocorrendo com Luciana Sandroni em *Minhas memórias de Lobato.* Os escritos de ambos os autores partem de um determinado episódio referente à obra de Mário de Andrade e Monteiro Lobato sugestivamente. Em *Te dou a lua amanhã...*, por exemplo, a fonte de inspiração para Jorge Miguel Marinho são os escritos de Mário de Andrade e em *Minhas memórias de Lobato* a fonte de inspiração de Luciana Sandroni é Monteiro Lobato e sua inovadora criação. Os dois livros encontram-se na linha da biografia, mas biografia de cunho estético. Trata-se de apropriação, atualização, reinvenção daquilo que já havia, como o próprio título das obras indica. No livro *Te dou a lua amanhã...*, Jorge Miguel Marinho se baseia na poesia de Mário de Andrade e parte de uma ação no presente, a comemoração do centenário do poeta em 1993, enquanto, em *Minhas memórias de Lobato,* Luciana Sandroni retoma o capítulo em que Emília decide escrever as suas memórias no Sítio do Pica-pau Amarelo e pede ajuda ao Visconde de Sabugosa. Entre os últimos lançamentos de Jorge Miguel Marinho encontram-se *13 maneiras de amar* (2001), uma coletânea de contos de autores diversos, e *O amor está com pressa* (2002).

Em *A gata do rio Nilo,* Lia Neiva confirma as palavras de Roland Barthes de que o escritor é um experimentador público, variando o que recomeça, obstinado e infiel e só conhecendo uma arte: a do tema e das suas variações.

Verifica-se que a intertextualidade, o dialogismo e a polifonia, cada vez mais, são praticadas pelos escritores. Até porque atualmente são outras as noções de produtividade dos textos literários. Hoje, o ato criador é um entrecruzamento de textos. Os textos estão contaminados pela prática habitual da apropriação e do plágio. E, conseqüentemente, sua construção final só se dá pelo destinatário. O leitor torna-se um interlocutor ativo no processo de significação, na medida em que participa do jogo intertextual tanto quanto o autor. Esse processo cultural é ininterrupto. E o movimento de produção e recepção de um texto faz parte desse processo que pode ser chamado de semiose cultural.

Nos cinco casos apresentados neste estudo, há um trabalho intertextual em níveis diferentes. O romance *A cama* revela o imaginário coletivo de um povo. *O assassinato do conto policial* reproduz formalmente um romance do gênero policial e sua afirmação como gênero, mas com uma contextualização nova: o cenário, as personagens e os problemas tipicamente brasileiros. *A gata do rio Nilo* trabalha intertextualmente com os diversos estilos de época brasileiros, acrescentando o dado realismo fantástico à sua abordagem. *Te dou a lua amanhã...* tanto rememora Mário de Andrade, seus textos e o Modernismo, como estabelece relações com a estética da recepção. E, finalmente, *Minhas memórias de Lobato* estabelece relações com Monteiro Lobato, atualizando sua linguagem.

É uma pena não haver espaço para mencionar todos os trabalhos de qualidade literária no campo da literatura infanto-juvenil brasileira hoje. Mas eles existem e não são poucos. Os leitores que o digam. Recentemente, por exemplo, ocorrem algumas publicações interessantes, como o título *No meio da noite escura há um pé de maravilha*, de Ricardo Azevedo, que continua apostando nas narrativas ao redor da fogueira, ou a prosa poética contida em *O fio da meada*, de Roseana Murray. Nessas publicações, o contar assume papel de destaque, e o maravilhoso e o mistério certamente acalentarão o leitor. Pode-se destacar também *A terra dos mais belos desejos*, de Stela Maris Rezende, que abraça o desejo da leitura como se fosse a paixão pela vida, e algumas deliciosas histórias de terror, como o livro *Sete histórias para sacudir o esqueleto*, de Ângela Lago.

E como se não bastasse, há ainda a estréia de Marisa Lajolo[5], estudiosa da literatura infanto-juvenil brasileira, com um romance intitulado *Destino em aberto*, que trata de uma viagem através do Brasil, tecida num processo intertextual com Olavo Bilac e Manuel Bonfim que, em 1910, escreveram o seu *Viagem através do Brasil*, que acabou servindo de mote, referência para Lajolo. Além dela, outros teóricos também resolvem incursionar pela área da literatura infanto-juvenil. É o caso de Rosana Rios, autora de livros didáticos de língua portuguesa que já há algum tempo tem trabalhado com RPG, de Edmir Perrotti, crítico literário referendado aqui neste estudo, de Rubem Alves, considerado o estudioso romântico da educação, de Carlos Brandão, antropólogo conceituado e educador, de Fanny Abramovich, jornalista e pesquisadora, e de Marcos Bagno, teórico da língua portuguesa. Ilustradores de nome também decidem atracar nesse terreno mais tortuoso, o das letras. É o caso de Roger Mello, Cláudio Martins, Graça Lima e muitos outros. À poesia também se tem dedicado um espaço maior. Na linha de textos que priorizam as lendas, Tatiana Belinky lançou *O bogatyr russo e o rei tártaro Kalin-o-cão* e Bartolomeu Campos Queirós continua com sua prosa poética em *Para criar passarinho*. A verdade é que concorre, para o agrado dos leitores, um número sem fim de histórias. Ulisses Tavares renova a escrita fabular com suas *Fábulas do futuro*. Márcia Kusptas apresenta dois trabalhos interessantes dirigidos aos jovens. Um deles é o livro *9 coisas e-mail que eu odeio em você* e, o outro, um policial com pitadelas de terror, intitulado *O fantasma do shopping ópera*. Eva Furnari continua animando o leitor mirim por meio de seus desenhos e de sua escrita, dessa vez, direcionada ao ensino da matemática com *Os problemas da família Gorgonzola*. E no campo teatral, Tatiana Belinky apresenta *Beijo não! No, no, don't Kiss*.

No que diz respeito ao tom didático da produção em questão, não existe mais a perspectiva exemplar de antes, mas a literatura infanto-juvenil brasileira continua profundamente ligada à instituição escola. Um exemplo de texto singularmente literário, mas com características claramente pedagógicas e que incursiona no que os pedagogos chamam de interdisciplinaridade, é o livro recentemente publicado *Jovens brasileiros: uma aventura literária em dez momentos de nossa história*, escrito a muitas mãos – Ivan Jaf, Maria Odette Simão Brancatelli e Vera Lúcia Vilhena de Toledo. Esse livro pertence a uma coleção intitulada "Que mundo é esse?", que reúne literatura e informação de várias áreas do conhecimento. Veja-se o comentário da própria editora

[...] a narrativa mostra o comportamento de adolescentes frente a uma determinada realidade; as notas e os comen-

tários abordam os fatos de forma abrangente, didática e ilustrativa. Este volume é indicado principalmente à área de História. Pode também ser trabalhado em Geografia, Artes e Língua Portuguesa. (Comentário de capa)

Trata-se de um livro de difícil classificação catalográfica. Aliás, o livro não apresenta ficha catalográfica.

Há uma retomada de temas ou recursos antigos para fundi-los com novos processos. Em 2002, a editora Ática, por exemplo, lançou uma tradução do conto "Ali Babá e os quarenta ladrões", na versão de Antoine Galland, publicou também o clássico *A Ilha do Tesouro*, de Robert Louis Stevenson, e alguns livros da autoria de Maria José Dupré, cuja marca de vendagem é altíssima. Multiplicam-se os recursos de apelo à visualidade: desenhos, ilustrações, diagramação, composição, cores, técnica de colagem e montagem, uso de novos materiais para a impressão do livro etc. O humor é dado importante usado constantemente pelos autores e as histórias de origem folclórica são revitalizadas incessantemente. Os escritores contemporâneos têm utilizado uma maior diversidade de gêneros, temas, ambientes e personagens para estabelecer uma certa identidade com o leitor. José Elias, em um de seus últimos livros, que trata do folclore, cujo título é *(Re)Fabulando: lendas, fábulas e contos brasileiros,* diz o seguinte:

> *[...] ao ler os livros da coleção (Re)Fabulando, quem conhece estas fábulas, lendas e "causos" vai dizer que eu os modifiquei. Espero que não digam que os deturpei, que os empobreci. Tentei fazer uma adaptação livre, respeitando o essencial, o enredo.*[6]

Tudo isso é sinal de mudanças, de uma literatura cada vez mais dinâmica, cujo tom é dado pela linguagem. Esses sinais são confirmados, por exemplo, no prefácio de Ítalo Moriconi em *Os cem melhores contos brasileiros do século*:

> *Por outro lado, havia o desafio colocado pela editora de que a seleção dos contos se pautasse não em critérios acadêmicos e sim em critérios de gosto e qualidade [...]*[7]

É claro que os fatores políticos e ideológicos da literatura infanto-juvenil de fases anteriores se mantêm, mas a produção atual encontra-se muito mais voltada para si mesma, para o contexto sociocultural que a envolve e para seu valor estético. As mudanças no modo de ver o mundo propiciam mudanças no modo de viver, nas crenças e nos valores do homem, e essas mudanças se expressam na produção literária, na sua intenção de estimular a consciência crítica do leitor de modo a dinamizar sua capacidade de observação e reflexão ante o mundo que o rodeia.

Por isso mesmo, parafraseando Marisa Lajolo em seu livro *Literatura: leitores e leitura*[8], em que a autora discute algumas questões teóricas relativas à literatura, pode se afirmar que a literatura infanto-juvenil brasileira vai bem, obrigada, está vivinha da silva e até manda lembranças...

Notas do capítulo

[1] ALBERGARIA, Lino de. *Do folhetim à literatura infantil.* Belo Horizonte: Lê, 1996.

[2] MORICONI, Ítalo. *Os cem melhores contos brasileiros do século.* São Paulo: Objetiva, 2000.

[3] MACHADO, Ana Maria. *Texturas: sobre leitura e escritos.* Rio de Janeiro: Nova Fronteira, 2001, p. 88.

[4] BOJUNGA, Lygia. *Retratos de Carolina.* Rio de Janeiro: Casa Lygia Bojunga, 2002. Abreviado *RC* no final da citação. Considerado "Altamente Recomendável para o Jovem" (2002) – FNLIJ.

[5] Marisa Lajolo é professora de teoria literária do Instituto de Estudos da Linguagem da Unicamp, onde desenvolve o projeto "Memória de leitura".

CONSIDERAÇÕES FINAIS

[6] JOSÉ, Elias. *(Re)Fabulando: lendas, fábulas e contos brasileiros.* São Paulo: Paulus, 2001.

[7] MORICONI, Ítalo, op. cit.

[8] LAJOLO, Marisa. *Literatura: leitores e leitura.* São Paulo: Moderna, 2001, p. 7.

BIBLIOGRAFIA GERAL

ABRAMOVICH, Fanny. *O estranho mundo que se mostra às crianças*. São Paulo: Summus, 1983.

AGUIAR e SILVA, Vitor Manuel de. *Teoria da literatura*. Coimbra: Livraria Almedina, 1983.

ALBERGARIA, Lino de. *Do folhetim à literatura infantil* (Leitor, memória e identidade). Belo Horizonte: Lê, 1996.

ALENCAR, Francisco; RAMALHO, Lúcia Capri e RIBEIRO, Marcus Venício Toledo. *História da sociedade brasileira*. Rio de Janeiro: Ao Livro Técnico, 1996.

ALMEIDA, Maria Luiza. *Por onde anda a literatura? Reflexões sobre os conceitos*. Tese de Doutorado. Pontifícia Universidade Católica: Rio de Janeiro, 1998.

ALMEIDA, Renato. "Literatura infantil". In COUTINHO, Afrânio (dir.). *A literatura no Brasil*. 2ª ed., 6 v. Rio de Janeiro: Sul Americana, 1971, pp. 183-204.

ALRIDGE, A. Owen. "The purposes and perspectives of comparative literature & the concept of influence in comparative literature". In: *Comparative literature: Mattern and method*. Urbana: University of Illinois Press, 1969, pp. 1-6.

ANDRADE, Thales de. "A arte de escrever para a infância". In: OLIVEIRA, Antenor Santos de. *Curso de literatura infantil*. São Paulo: Santos de Oliveira, s. d., pp. 37-56.

AQUINO, Rubim Santos Leão de et al. *Sociedade brasileira: uma história através dos movimentos sociais: da crise do escravismo ao apogeu do neoliberalismo.* 2ª ed. Rio de Janeiro: Record, 2000.

ARIÈS, Philipe. *História social da criança e da família.* Trad. Dora Flaksman. Rio de Janeiro: Zahar, 1979.

ARROYO, Leonardo. *A literatura infantil brasileira* (Ensaio de Preliminares para a sua história e suas fontes). São Paulo: Melhoramentos, 1968.

AZEVEDO, Fernando de. "A formação e conquista do público infantil". In: AZEVEDO, Fernando de. *Educação e seus problemas.* 4ª ed. São Paulo: Melhoramentos, 1968.

BARROS, Diana Luz Pessoa de. *Teoria do discurso: fundamentos semióticos.* São Paulo: Atual, 1988.

BARTHES, Roland. *O prazer do texto.* Trad. Maria Margarida Baralona. Lisboa: Ed. 70, 1983.

_____. *Análise estrutural da narrativa.* Trad. Maria Zélia Barbosa Pinto. Petrópolis: Vozes, 1971.

_____. *O grau zero na escritura.* Trad. Anne Arnichand e Álvaro Lorencini. São Paulo: Cultrix/Conselho Estadual de Cultura, 1971.

_____. *Crítica e verdade.* Trad. Leyla Perrone-Moisés. São Paulo: Perspectiva, 1970.

BENJAMIN, Walter. *Obras escolhidas: magia e técnica, arte e política.* Trad. Sergio Paulo Rouanet. São Paulo: Brasiliense, 1993.

BERMAN, Marshall. *Tudo que é sólido desmancha no ar: a aventura da modernidade.* Trad. Carlos Felipe Moisés, Ana Maria Ioriatti. 10ª reimpressão. São Paulo: Companhia das Letras, 1986.

BERNHEIMER, Charles (ed.). *Comparative literature in the age of multiculturalism.* Baltimore/Londres: The John Hopkins University Press, 1995.

BHABHA, Homy K. *Literature, politics and theory.* London: Methuem, 1985.

BIBLIOGRAFIA ANALÍTICA DA LITERATURA INFANTIL E JUVENIL PUBLICADA NO BRASIL: 1965—1974. 2v. São Paulo: Melhoramentos; Brasília: Instituto Nacional do Livro, 1977.

BIBLIOGRAFIA ANALÍTICA DA LITERATURA INFANTIL E JUVENIL PUBLICADA NO BRASIL: 1975—1978. 2v. Porto Alegre: Mercado Aberto,

1984. São Paulo: Melhoramentos; Brasília: Instituto Nacional do Livro, 1977.

BITTENCOURT, Gilda Neves da Silva. *Literatura comparada: teoria e prática*. Porto Alegre: Sagra-Luzzatto, 1996.

BLOOM, Harold. *O cânone ocidental*. Trad. Marcos Santarrita. Rio de Janeiro: Objetiva, 1995.

BOILEAU, Pierre. & NARCEJAC, Thomas. *La Novela Policial*. Buenos Aires: Letras Mayúsculas Editorial Paidos, 1968.

BOSI, Alfredo. *Dialética da colonização*. São Paulo: Companhia das Letras, 1992.

_____. *História concisa da literatura brasileira*. 2ª ed. São Paulo: Cultrix, 1978.

CADERMATORI, Lígia. *Períodos literários*. 8ª ed. São Paulo: Ática, 1997. (Série Princípios)

CAGNETI, Sueli de Souza e ZOTZ, Werner. *Livro que te quero livre*. Rio de Janeiro: Editorial Nórdica, 1986.

CALVINO, Italo. *Por que ler os clássicos?* Trad. Nilson Moulin. São Paulo: Companhia das Letras, 1993.

_____. *Seis propostas para o próximo milênio*. Trad. Ivo Barroso. São Paulo: Companhia das Letras, 1990.

CAMPOS, Maria Consuelo Cunha. *Sobre o conto brasileiro*. Rio de Janeiro: Gradus, 1977.

CANDIDO, Antonio. *A educação pela noite e outros ensaios*. São Paulo: Ed. Ática, 1986.

_____. *Formação da literatura brasileira*. 2v. 6ª ed. Belo Horizonte: Itatiaia, 1981.

_____. *Literatura e sociedade*. São Paulo: Companhia Editora Nacional, 1967.

_____. *Tese e antítese*. São Paulo: Companhia Editora Nacional, 1964.

CARDOSO, Ciro Flamarion Santana. *Narrativa, sentido, história*. Campinas/São Paulo: Papirus, 1997.

CARVALHAL, Tânia F. *Literatura comparada*. São Paulo: Ática, 1998.

_____. (org.). *Literatura comparada no mundo: questões e métodos*. Porto Alegre: L&PM/VITAE/AILC, 1997.

CARVALHO, Bárbara Vasconcelos de. *A literatura infantil: visão histórica e crítica*. 2ª ed. São Paulo: Edart, 1982.

CASTAGNINO, Raúl H. *Que é literatura?* Trad. Luiz Aparecido Caruso. São Paulo: Mestre Jou, 1969.

CIONARESCU, Alejandro. *Princípios de literatura comparada*. La Laguna: Secretariado de Publicaciones, 1964.

COELHO, Nelly Novaes. *Literatura Infantil* (Teoria – Análise – Didática). São Paulo: Ed. Ática, 1991.

_____. *Panorama histórico da literatura infanto-juvenil; das origens indo-européias ao Brasil contemporâneo*. 3ª ed. São Paulo: Quíron, 1985.

_____. *Dicionário crítico de literatura infantil e juvenil brasileira*. São Paulo: Ática, 1980.

CORSTIUS, Jan Brandt. *Introduction to the comparative study of literature*. Nova York: Random House, 1968.

COUTINHO, Afrânio. *Notas de teoria literária*. 2ª ed. Rio de Janeiro: Civilização Brasileira, 1978.

_____. (org.). *A literatura no Brasil*. 5ª ed. 6 v. Rio de Janeiro: Global, 1971.

COUTINHO, Eduardo de Faria. *Sentido e função da literatura comparada na América Latina*. Rio de Janeiro: Faculdade de Letras/UFRJ, 2000.

_____. (org.) *Cânones e contextos*. 5º Congresso da Abralic. Anais – 3 v. Rio de Janeiro: Abralic, 1997/1998.

COUTINHO, Eduardo de Faria e CARVALHAL, Tânia, (orgs.). *Literatura comparada. Textos fundadores*. Rio de Janeiro: Rocco, 1994.

CUDDON, J. A. *Dictionary of literary terms and literary theory*. Oxford: Blackwell, 1998.

EAGLETON, Terry. *Teoria da literatura: uma introdução*. Trad. Waltensir Dutra. São Paulo: Martins Fontes, 1983.

ETIEMBLE, René. *Crise de la littérature comparée? Comparaison n'est pas raison*. Paris: Gallimard, 1963.

FORSTER, Edward Morgan. *Aspectos do romance*. Trad. Maria Helena Martins. 2ª ed. São Paulo: Globo, 1998.

FRANCO JR., Hilário. *As utopias medievais*. São Paulo: Brasiliense, 1992.

FRIEDERICH, Werner. *Comparative literature: Proceedings of the Second Congress of the ICLA*. 2v. Chapel Hill: University of Carolina Press, 1959.

GARCÍA CANCLINI, Nestor. *Culturas híbridas: estratégias para entrar e sair da modernidade*. Trad. Ana Regina Lessa e Heloísa Pezza Cintrão. São Paulo: Edusp, 1998.

GARCIA MORENTE, Manuel. *Fundamentos de filosofia: lições preliminares*. Trad. e prólogo de Guilhermo de La Cruz Coronado. 8ª ed. São Paulo: Mestre Jou, 1930.

GEERTZ, Clifford. *A interpretação das culturas*. Trad. Gilberto Velho. Rio de Janeiro: LTC, 1989.

GHIRALDELLI JR., Paulo. *História da educação*. São Paulo: Cortez, 2000. (Coleção Magistério — 2º grau — Formação do professor)

GUYARD, Marius-François. *La literature comparée*. (Concisa introdução de Van Tieghem. Prefácio de Jean-Marie Carré.) Paris: PUF, 1951.

HAYCRAFT, Howard (ed.). *The art of mystery story*. (Commentary by Howard Haycraft.) Nova York: Simon and Schuster, 1946.

HOLANDA, Sérgio Buarque de. *Raízes do Brasil*. São Paulo: Companhia das Letras, 1995.

HOLLANDA, Heloísa Buarque de (org.). *Pós-modernismo e política*. Rio de Janeiro: Rocco, 1991.

HUTCHEON, Linda. *Poética do pós-modernismo: história, teoria, ficção*. Trad. Ricardo Cruz. Rio de Janeiro: Imago, 1991.

JAUSS, Hans Robert. *A história da literatura como provocação à teoria literária*. Trad. Sérgio Tellaroli. São Paulo: Ática, 1994.

JEUNE, Simon. *Littérature genérale et literature comparée*. Paris: Lettres Modernes, 1968.

JIMÉNEZ, Marc. *O que é estética?* Trad. Fulvia M. L. Moretto. São Leopoldo, Rio Grande do Sul: Unisinos, 1999.

JOLLES, André. *Formas simples*. Trad. Álvaro Cabral. São Paulo: Cultrix, 1976.

JOST, François. *Introduction to comparative literature*. Nova York: Bobbs Merril, 1974.

KHÉDE, Sonia Salomão (org.). *Literatura infanto-juvenil: um gênero polêmico*. São Paulo: Ática, 1986.

KHÉDE, Sonia Salomão. *Personagens da literatura infanto-juvenil* São Paulo: Ática, 1986.

KRISTEVA, Julia. *Ensaios de semiologia*. Trad. Luiz Costa Lima. Rio de Janeiro: Eldorado, 1971.

LAJOLO, Marisa. *Literatura: leitores & leitura*. São Paulo: Ed. Moderna, 2001.

_____. *Monteiro Lobato: um brasileiro sob medida*. São Paulo: Moderna, 2000.

LAJOLO, Marisa e ZILBERMAN, Regina. *A formação da leitura no Brasil*. São Paulo: Ática, 1999.

_____. *Literatura infantil: história e histórias*. São Paulo: Ática, 1994.

LEVIN, Harry. *Grounds of comparison*. Cambridge, Mass: Harvard University Press, 1972.

LIMA, Luis Costa (org.). *A literatura e o leitor. Textos de estética da recepção*. Seleção, tradução e introdução. Rio de Janeiro: Paz e Terra, 1979.

LOPES, Eliane Marta Teixeira; FARIAS FILHO, Luciano Mendes de e VEIGA, Cynthia Greyve (orgs.) *500 anos de educação no Brasil*. Belo Horizonte: Autêntica, 2000.

LOURENÇO FILHO, M. B. "Como aperfeiçoar a literatura infantil". In: CRUZ, Marques da. *História da literatura*. São Paulo: Melhoramentos, 1957.

MACHADO, Ana. *Texturas: sobre leitura e escritos*. Rio de Janeiro: Nova Fronteira, 2001.

MAGALHÃES JR., R. *A arte do conto*. Rio de Janeiro: Bloch, 1972.

MEIRELES, Cecília. *Problemas da literatura infantil*. 3ª ed. Rio de Janeiro: Nova Fronteira, 1984.

_____. *Criança meu amor*. Rio de Janeiro: Nova Fronteira, 1977.

NEVES, Margarida de Souza; LOBO, Yolanda Lima e MIGNOT, Ana Chrystina Venâncio (orgs.). *Cecília Meireles: a poética da educação*. Rio de Janeiro: PUC-Rio/Loyola, 2001.

NITRINI, Sandra. *Literatura comparada: História, teoria e crítica*. 2ª ed. São Paulo: Edusp, 2000.

NÓBREGA, Francisca e CASTRO, Manuel Antônio de. "Literatura infantil: questões de ser". In: *Letra* 1 (1): 71-83, : Rio de Janeiro/Faculdade de Letras da UFRJ, jan-jul, 1980.

PAIVA, Márcia de e MOREIRA, Maria Éster (orgs.) *Cultura, substantivo plural*. (Ciclo de palestras Luiz Costa Lima). Rio de Janeiro: Centro Cultural Banco do Brasil; São Paulo: Editora 34, 1996.

PAZO, Maria José e D'OLIVEIRA, Maria Rosa. *Literatura infantil: voz de criança*. São Paulo: Ática, 1992.

PAULINO, Graça; WALTY, Ivete e CURY, Maria Zilda. *Intertextualidades*. Belo Horizonte: Lê, 1995.

PEIXOTO, Nelson Brissac. *Cenário em ruínas*. São Paulo: Brasiliense, 1987.

PENTEADO, J. Roberto Whitaker. *Os Filhos de Lobato: o imaginário infantil na ideologia do adulto*. Rio de Janeiro: Qualitymark/Dunya, 1997.

PERROTTI, Edmir. *Confinamento cultural: infância e leitura*. São Paulo: Summus Editorial, 1990.

_____. *O texto sedutor na literatura infantil*. São Paulo: Ícone, 1986.

PICHOIS, Claude e ROUSSEAU, André M. *La littérature comparée*. 2ª ed. Paris: A. Colin, 1968.

PILETTI, Nelson. *História da educação no Brasil*. São Paulo: Brasil, 1977.

PONDÉ, Gloria Maria Fialho. *Personagem e leitor. A identidade da criança na literatura infantil*. Tese de Doutorado. Rio de Janeiro: UFRJ, 1986.

PONDÉ, Gloria Maria Fialho. *A arte de fazer artes*. Rio de Janeiro: Nórdica, 1985.

_____. *Quem tem medo de onça pintada? Liberdade e repressão na literatura infantil de Orígenes Lessa*. Dissertação de Mestrado em Literatura Brasileira. Rio de Janeiro: Faculdade de Letras da UFRJ, 1978.

PRAWER, S. S. *Comparative literary studies: an introduction*. Londres: Duckworth, 1973.

SAMUEL, Roger (org.). *Manual de teoria literária*. Petrópolis: Vozes, 1985.

SANDRONI, Laura. *De Lobato a Bojunga: as reinações renovadas*. Rio de Janeiro: Agir, 1987.

_____. *A criança e o livro*. São Paulo: Ática, 1986.

SANTIAGO, Silviano. *Vale quanto pesa: ensaios sobre questões político-culturais*. Rio de Janeiro: Paz e Terra, 1982.

SARLO, Beatriz. *Paisagens imaginárias: intelectuais, arte e meios de comunicação*. Trad. Rubia Prates e Sergio Molina. São Paulo: Edusp, 1997.

SOUZA, Eneida Maria de et al. (orgs.) *Literatura e memória cultural*. 2º Congresso da Abralic. Anais – 3v. Belo Horizonte: UFMG, 1991.

SOUZA, Laura de Mello e (org.) *História da vida privada no Brasil: cotidiano e vida privada na América Portuguesa*. São Paulo: Companhia das Letras, 1998.

STALKNECHT, Newton e FRENZ, Horst (ed.). *Comparative literature: method and perspective*. Revised edition. Carbondale & Edwardville: Southern Illinois University Press, 1961.

TARNAS, Richard. *A epopéia do pensamento ocidental: para compreender as idéias que moldaram nossa visão do mundo*. Trad. Beatriz Sidou. 2ª edição. Rio de Janeiro: Bertrand Brasil, 2000.

TODOROV, Tzvetan. *Poética da prosa*. Trad. Maria de Santa Cruz. Lisboa: Edições 70. 1971.

_____. *Introdução à literatura fantástica*. Trad. Maria Clara Correa Castello. São Paulo: Perspectiva, 1975.

TYNIANOV, Iuri. "Da evolução literária". In: TYNIANOV, Iuri et al. *Teoria da literatura: Formalistas russos*. Trad. Ana Maria Filipovski, Maria Aparecida, Regina L. Zilberman, Antonio Carlos Hohlfeldt. Porto Alegre: Globo, 1971.

VASSALO, Lígia (org.). *A narrativa ontem e hoje*. Rio de Janeiro: Tempo Brasileiro, 1984.

ZILBERMAN, Regina. *Um Brasil para crianças: para conhecer a literatura infantil brasileira: história, autores e textos*. São Paulo: Global, 1993.

_____. *Estética da recepção e história da literatura*. São Paulo: Ática, 1989.

_____. *A produção cultural para a criança*. Porto Alegre: Mercado Aberto, 1982.

ZILBERMAN, Regina e LAJOLO, Marisa. *A formação da leitura no Brasil*. São Paulo: Ática, 1996.

ZILBERMAN, Regina & MAGALHÃES, Lígia Cademartori. *Literatura infantil: autoritarismo e emancipação*. São Paulo: Ática, 1987.

YUNES, Eliana. *Leitura e leituras da literatura infantil*. São Paulo: FTD, 1988.

WELLEK, René. *Concepts of criticism*. New Haven: Yale University Press, 1963.

WELLEK, René e WARREN, Austin. *Teoria literária*. Trad. José Palla. Lisboa: Biblioteca Universitária/Publicações Europa-América, 1962.

WEISSTEIN, Ulrich. *Comparative literature and literary theory: survey and introduction*. Bloomington: Indiana University Press, 1973.

Livros de ficção:

ALMEIDA, Fernanda Lopes de. *A curiosidade premiada*. Il. Alcy Linares. São Paulo: Moderna, 1987.

ALMEIDA, Júlia Lopes de. *Histórias de nossa terra*. Rio de Janeiro: Francisco Alves, 1907.

ANDERSEN, Hans Christian. *O patinho feio e o anjo*. Adapt. Arnaldo de Oliveira Barreto. São Paulo: Melhoramentos, s. d. Livro 1. Il. Francisco Richter. (Biblioteca Infantil organizada por Arnaldo de Oliveira Barreto)

ANDRADE, Carlos Drummond de. *Antologia poética*. Rio de Janeiro: Record, 1998.

ANDRADE, Mário de. *Amar, verbo intransitivo: idílio*. 7ª ed. São Paulo: Martins, 1978.

_____. *Contos novos*. São Paulo: Martins, 1973.

_____. *Os contos de Belazarte*. 5ª ed. São Paulo: Martins/Instituto Nacional do Livro, 1972.

_____. *Macunaíma: o herói sem nenhum caráter*. 16ª edição. São Paulo: Martins, 1970.

ANDRADE, Mário de (org.) *Cartas de Mário de Andrade a Manuel Bandeira*. Rio de Janeiro: Org. Simões, 1958.

ANDRADE, Thales. *Saudade*. Il. F. S. de Morais. São Paulo: Companhia Editora Nacional, 1968.

ANDRADE, Thiago de Melo. *A caixa preta*. Il. do autor. Belo Horizonte: RHJ, 2001.

ARAÚJO, Henry Corrêa de. *Pivete*. Belo Horizonte: Comunicação, 1977 e 1982.

AZEVEDO, Ricardo. *A viagem assombrosa de João de Calais*. São Paulo: Scipione, 1988. (Coleção Histórias de Encantamento)

_____. *A moça do Bambuluá*. São Paulo: Scipione, 1989. (Histórias de Encantamento)

_____. *No meio da noite escura há um pé de maravilha*. São Paulo: Ática, 2002.

BELINKY, Tatiana. *O Bogatyr russo e o rei tártaro Kalin-o-Cão*. Il. Roberto Melo e Mozart Couto. São Paulo: Ave-Maria, 2000. (Coleção Lendas do Mundo)

_____. *Beijo não! No, no, don't kiss*. São Paulo: Letras e Letras, 2002.

BILAC, Olavo. *Os contos pátrios*. Rio de Janeiro: Francisco Alves, 1961.

_____. *A pátria brasileira*. 28ª ed. Rio de Janeiro: Francisco Alves, 1957.

_____. *Theatro Infantil*. 5ª ed. Rio de Janeiro: Francisco Alves, 1926.

BILAC, Olavo e BONFIM, Manuel. *Através do Brasil*. 40ª edição. Rio de Janeiro: Francisco Alves, 1953.

BOJUNGA, Lygia. *Retratos de Carolina*. Rio de Janeiro: Casa Lygia Bojunga, 2002.

_____. *A cama*. Rio de Janeiro: Ed. Agir, 1999.

_____. *Feito à mão*. Capa: Miriam Lerner. Rio de Janeiro: Agir, 1999.

_____. *Seis vezes Lucas*. Il da capa: Roger Mello. Il. do miolo: Regina Yolanda. Rio de Janeiro: Agir, 1995.

_____. *Paisagem*. Rio de Janeiro: Agir, 1992.

_____. *Fazendo Ana Paz*. Rio de Janeiro: Agir, 1991.

_____. *Tchau*. Il. Regina Yolanda. Rio de Janeiro: Agir, 1985.

_____. *O livro*. Um encontro com Lygia Bojunga Nunes. Rio de Janeiro: FNLIJ, 1984. (Mensagem do Dia Internacional do Livro Infantil)

_____. *O sofá estampado.* Il. Elvira Vigna. Rio de Janeiro: Civilização Brasileira, 1980.

_____. *Corda bamba.* Il. Regina Yolanda. Rio de Janeiro: Civilização Brasileira, 1979.

_____. *A casa da Madrinha.* Il. Regina Yolanda. Rio de Janeiro: Agir, 1978.

_____. *Angélica.* Il. Vilma Pasqualini. 2ª ed. Rio de Janeiro: Agir, 1977.

_____. *A bolsa amarela.* Il. Marie Louise Nery. Rio de Janeiro: Agir, 1976.

_____. *Os colegas.* Il. Gian Calvi. Rio de Janeiro: Sabiá; Brasília: Instituto Nacional do Livro, 1972.

BRUNO, Haroldo. *O misterioso rapto de Flor-do-Sereno: combate de Zé Grande, herói dos canaviais do país de Pernambuco contra o monstro Sazafrás, de antiga e negra memória.* Rio de Janeiro: Salamandra, 1979.

_____. *O viajante das nuvens.* Il. Valter Vicente. Rio de Janeiro: Salamandra, 1975.

CAPARELLI, Sérgio. *Minha sombra.* Il. Chico Baldini. Porto Alegre: L&PM, 2001.

_____. *Boi da cara preta.* Il. Caulos. 23ª ed. Porto Alegre: L&PM, 1996.

CAVALCANTI, Homero Homem. *Cabra das rocas.* Il. Edmundo Rodrigues. 9ª ed. São Paulo: Ática, 1986.

COLASANTI, Marina. *Longe como o meu querer.* Il. da autora. São Paulo: Ática, 1997.

_____. *O lobo e o carneiro no sonho da menina.* Rio de Janeiro: Ediouro, 1994.

_____. *Entre a espada e a rosa.* Il. da autora. Rio de Janeiro: Salamandra, 1992.

_____. *Doze reis e a moça no labirinto do vento.* Rio de Janeiro: Nórdica, 1982.

_____. *Uma idéia toda azul.* Rio de Janeiro: Nórdica. 1979.

CORRÊA, Viriato. *Cazuza.* Il. Renato Silva. 23ª ed. São Paulo: Companhia Editora Nacional, 1971.

_____. *Bahú velho: roupas antigas da história brasileira.* 2ª ed. São Paulo: Companhia Editora Nacional, 1930.

CORRÊA, Viriato e João do Rio. *Era uma vez...* (contos para crianças) São Paulo: Francisco Alves, 1908.

DONATO, Hernani. *Novas aventuras de Pedro Malasartes*. Il. P. de Lara. Capa de Rui de Oliveira. São Paulo: Melhoramentos, 1986.

_____. *Contos dos meninos índios*. São Paulo: Melhoramentos, 1982.

DUPRÉ, Maria José. *Éramos seis*. São Paulo: Ática, 1973.

FITTIPALDI, Ciça. *Mata-sete*. Il. Ricardo Azevedo. São Paulo: Scipione, 1988. (Coleção Histórias de Encantamento)

_____. *Tereza Bicuda: versão de um conto popular*. São Paulo: Scipione, 1988. (Coleção Histórias de Encantamento)

FURNARI, Eva. *Os problemas da família Gorgonzola*. Il. da autora. Global, 2002.

_____. *A menina e o dragão*. Belo Horizonte: Formato, 1990.

_____. *A bruxinha atrapalhada*. 9ª ed. São Paulo: Global, 1988.

_____. *Cabra cega*. 4ª ed. São Paulo: Ática, 1988.

GALLAND, Antoine. *Ali Babá e os 40 ladrões*. Adap. Luc Lefort. Il. Emre Orhun. A partir da tradução francesa de Antoine Galland. Trad. de Ruth Sales. São Paulo: Ática, 2002.

GANEM, Eliane. *Coisas de menino*. Rio de Janeiro: J. Olympio, 1988.

_____. *O outro lado do tabuleiro*. Il. Rui de Oliveira. Rio de Janeiro: Record, 1984.

JAF, Ivan; BRANCATELLI, Maria Odette Simão e TOLEDO, Vera Lúcia Vilhena. *Jovens brasileiros: uma aventura literária em 10 momentos de nossa história*. São Paulo, Ática, 2002.

JANSEN, Carlos. *As aventuras maravilhosas do celebérrimo Barão de Münchhausen, ou fiel e verídica narrativa das memórias extraordinárias daquele narrador imortal*. Rio de Janeiro; São Paulo: Laemmert, 1902.

_____. *D. Quixote de La Mancha: redigido para a sociedade brasileira segundo o plano de F. Hoffmann*. Rio de Janeiro: Laemmert & Cia, 1901.

_____. *Contos seletos das mil e uma noites*. Rio de Janeiro: Laemmert, s. d.

JARDIM, Luís. *Aventura do menino Chico de Assis: inspirado na vida de São Francisco de Assis*. Rio de Janeiro: José Olympio, 1988. 1ª ed. 1971.

_____. *Proezas do menino Jesus*. Il. do autor. São Paulo: Livraria José Olympio, 1968.

_____. *O boi Aruá*. Il. do autor. Rio de Janeiro: Alba, 1940.

JOSÉ, Elias. *(Re)Fabulando: lendas, fábulas e contos brasileiros*. V. 5. (Adaptação.). São Paulo: Paulus, 2001.

_____. *O ABC do trava-língua*. Il. Nelson Cruz. Belo Horizonte: Lê, 1992.

KUPSTAS, Márcia. *9 coisas e-mail que eu odeio em você*. São Paulo: FTD, 2001.

_____. *O fantasma do shopping ópera*. São Paulo: FTD, 2001.

LAGO, Angela. *Sete histórias para sacudir o esqueleto*. São Paulo: Companhia das Letrinhas, 2002.

_____. *Charadas macabras*. Il. da autora. Belo Horizonte: Formato, 1995.

_____. *Cântico dos cânticos*. São Paulo: Paulinas, 1992.

_____. *De morte!* Il. da autora. Belo Horizonte: RHJ, 1992.

_____. *Sua Alteza, a Divinha*. Il. da autora (com a colaboração de ilustradores anônimos e antigos). Belo Horizonte: RHJ, 1990.

_____. *Outra vez*. Il. da autora. Belo Horizonte: Miguilim, 1984.

_____. *Uni, duni e te*. Il. da autora. Belo Horizonte: Comunicação, 1982.

LAJOLO, Marisa. *Destino em aberto*. São Paulo: Ática, 2002.

LIMA, Edy. *A vaca voadora*. 3ª ed. São Paulo: Melhoramentos, 1973.

LIMA, Graça. *Noite de cão*. Rio de Janeiro: Salamandra, 1991.

LISBOA, Henriqueta. *O menino poeta*. Il. Leonardo Menna Barreto Gomes. Porto Alegre: Mercado Aberto, 1984.

_____. *Prisioneira da noite*. Rio de Janeiro: Civilização Brasileira, 1941.

LISPECTOR, Clarice. *Como nasceram as estrelas*. Il. Ricardo Leite. Rio de Janeiro: Nova Fronteira, 1987.

_____. *Quase de verdade*. Il. Cecília Jucá. Rio de Janeiro: Rocco, 1978.

BIBLIOGRAFIA GERAL

_____. *A vida íntima de Laura*. Capa e il. Sérgio Matta. Rio de Janeiro: J. Olympio, 1974.

_____. *A mulher que matou os peixes*. Capa e il. Carlos Scliar. Rio de Janeiro: Sabiá, 1968.

_____. *O mistério do coelho pensante*. Il. Euridyce. Rio de Janeiro: J. Álvaro, 1967.

LOBATO, Monteiro. *Obra infantil completa*. Edição Centenário (1882, 1982). São Paulo: Brasiliense, 1982.

_____. *Narizinho Arrebitado*. Segundo livro de leitura para uso das escolas primárias. São Paulo: Monteiro Lobato & Companhia, 1921.

MACHADO, Ana Maria. *Bisa Bia, Bisa Bel*. Il. Regina Yolanda. Rio de Janeiro: Salamandra, 1982.

MACHADO, Ana Maria. *História meio ao contrário*. São Paulo: Ática, 1978.

_____. *De olho nas penas*. Il. Gerson Conforto. Rio de Janeiro: Salamandra, 1981.

_____. *Raul da Ferrugem Azul*. Il. Patrícia Gwinner. Rio de Janeiro: Salamandra, 1979.

MACHADO, Juarez. *Ida e volta*. Il. do autor. Rio de Janeiro: Primor, 1976.

MARIGNY, Carlos. *Lando das ruas*. São Paulo: Brasiliense, 1982.

MARINHO, João Carlos. *O conde de Fruteson*. Il. Maurício Negro. São Paulo: Global, 1994.

_____. *Sangue fresco*. São Paulo: Global, 1982.

_____. *O caneco de prata*. São Paulo: Global, 1971.

_____. *O gênio do crime*. São Paulo: Global, 1969.

_____. *O livro de Berenice*. São Paulo: Global, 1987.

_____. *Pai Mental e outras histórias*.São Paulo: Global, 1991.

_____. *Pedro soldador*. São Paulo: Global, 1976.

MARINHO, Jorge Miguel. *O amor está com pressa*. São Paulo: Cia. Melhoramentos, 2002.

_____. *Nem tudo que é sólido desmancha no ar*. Petrópolis: Vozes, 2000.

_____. *Enquanto meu amor* não vem. São Paulo: Saraiva, 1998.

_____. *O cavaleiro da tristíssima figura*. Rio de Janeiro: Ática, 1996.

_____. *Sangue no espelho*. São Paulo: Melhoramentos, 1993.

_____. *Te dou a lua amanhã... biofantasia de Mario de Andrade*. São Paulo: FTD, 1993.

_____. *O caso das rosas amarelas e medrosas*. São Paulo: Letras e Letrinhas, 1991.

_____. *Na curva das emoções: histórias de pequenas e grandes descobertas*. São Paulo: Melhoramentos, 1989.

_____. *Dengos e carrancas de um pasto*, São Paulo: FTD, 1987.

_____. *Um amor de Maria Mole*. Belo Horizonte: Lê, 1987.

_____. *A visitação do amor*. São Paulo: Contexto, 1987.

_____. *A menina que sonhava e sonhou*. São Paulo: FTD, 1986.

_____. *Escarcéu dos corpos*. São Paulo: Brasiliense, 1984.

MEIRELES, Cecília. *Giroflê, giroflá*. Capa e programação visual. M. Cristina Simi Carletti. 3ª ed. São Paulo: Moderna, 1984.

_____. *Ou isto ou aquilo*. Capa e il. Rosa Frisoni. 2ª ed. São Paulo: Melhoramentos; Brasília: Instituto Nacional do Livro, 1972.

MOKARZEL, Marisa. *Caracol tirou o casco; serpente aproveitou*. São Paulo: Melhoramentos, 1986.

MORAES, Vinicius de. *A arca de Noé*. Capa e Il. Marie Louise Nery. 2ª ed. Rio de Janeiro: José Olympio, 1974.

MORICONI, Ítalo (org.). *Os cem melhores contos brasileiros do século*. (Seleção e prefácio de Ítalo Moriconi) São Paulo: Objetiva, 2000.

MOTT, Odette de Barros. *Justino, o retirante*. 29ª ed. São Paulo: Brasiliense, 1987.

MURALHA, Sidônio. *A televisão da bicharada*. Il. Francisco Lemos. São Paulo: Giroflê/Nórdica, 1962.

MURRAY, Roseana. *O fio da meada*. Il. Elisabeth Teixeira. São Paulo: Paulus, 2002.

_____. *Receitas de olhar*. Il. Elvira Vigna. São Paulo: FTD, 1997.

_____. *Tantos medos e outras coragens*. Il. Guto Lins. São Paulo: FTD, 1992.

_____. *Classificados poéticos*. Il. Paula Saldanha. Belo Horizonte: Miguilim, 1984.

NEIVA, Lia Fonseca de Carvalho. *A gata do rio Nilo*. 1ª ed. Rio de Janeiro: José Olympio, 1999.

_____. *O gato sem botas*. Il. Elisabeth Teixeira. Rio de Janeiro: Agir, 1997.

_____. *O castelo da Torre Encantada*. Il. Elisabeth Teixeira. Rio de Janeiro: Ediouro, 1996.

_____ et al. *Assim ou assado*. Il. Roger Mello et al. Rio de Janeiro: Ediouro, 1994. (Coleção Assim É Se Lhe Parece)

_____ et al. *Chamuscou não queimou*. Il. Roger Mello et al. Rio de Janeiro: Ediouro, 1994. (Coleção Assim É Se Lhe Parece)

_____ et al. *Cropas ou paus?* Il. Roger Mello et al. Rio de Janeiro: Ediouro, 1994. (Coleção Assim É Se Lhe Parece)

_____ et al. *Quem acorda sonha*. Il. Roger Mello et al. Rio de Janeiro: Ediouro, 1994. (Coleção Assim É Se Lhe Parece)

_____. et al. *Se faísca ofusca*. Il. Roger Mello et al. Rio de Janeiro: Ediouro, 1994. (Coleção Assim É Se Lhe Parece)

_____ et al. *Vou ali e volto já*. Il. Roger Mello et al. Rio de Janeiro: Ediouro, 1994. (Coleção Assim É Se Lhe Parece)

_____. *Entre deuses e monstros*. Il. Fernando Piscini. Rio de Janeiro: Ed. Nova Fronteira, 1990.

_____. *Não olhe atrás da porta*. Il. Hudson Silva. Rio de Janeiro: Ao Livro Técnico, 1989.

_____. *Histórias de não se crer*. Il. Hudson. Rio de Janeiro: Ao Livro Técnico, 1987.

_____. *Fruta no ponto*. Il. Sara Ávila. São Paulo: FTD, 1986.

ORTHOF, Sílvia. *Os bichos que tive*. (*Memórias zoológicas*.) Capa e il. Ge Orthof. 2ª ed. Rio de Janeiro: Salamandra, 1983.

_____. *Mudanças no galinheiro mudam as coisas por inteiro*. Il. Ge Orthoff. Rio de Janeiro: Memórias Futuras, 1981.

PAES, José Paulo. *Lê com cré*. Il. Alcy. São Paulo: Ática, 1993.

_____. *Poemas para brincar*. Il. Luiz Maia. São Paulo: Ática, 1990.

_____. *Olha o bicho*. Il. Rubens Matuck. São Paulo: Ática, 1989.

_____. *É isso ali*. Il. Carlos de Brito. Rio de Janeiro: Salamandra, 1984.

PELLEGRINI, Domingos. *O primeiro canto do galo*. 1979.

PEREIRA, Lúcia Miguel. *Fada Menina*. Porto Alegre, 1944.

PICCHIA, Menotti Del. *Novas aventuras de João Peralta e Pé-de-moleque*. Rio de Janeiro: Ediouro, 1932.

_____. *Viagens de João Peralta e Pé-de-moleque*. Rio de Janeiro: Ediouro, s. d. (Coleção Calouro. Selo, 1931)

PIMENTEL, Alberto Figueiredo. *Teatrinho Infantil*. Rio de Janeiro: Quaresma, 1958.

_____. *Contos da Carochinha*. 24ª ed. Rio de Janeiro: Livraria do Porto, 1956.

_____. *Histórias da baratinha*. Rio de Janeiro: Quaresma, 1950.

_____. *Histórias da Avozinha*. Rio de Janeiro: Quaresma, 1943.

_____. *O livro das crianças*. Rio de Janeiro: Quaresma, 1898.

_____. *Álbum de crianças*. Rio de Janeiro: Quaresma, 1897.

_____. *A Queda de um anjo*. Rio de Janeiro: Quaresma, 1897.

_____. *Contos do Tio Alberto*. Rio de Janeiro: Livraria Quaresma, s. d.

_____. *Os meus brinquedos*. Rio de Janeiro: Quaresma, s. d.

PINTO, Alexina de Magalhães. *Provérbios populares, máximas e observações usuais*. Rio de Janeiro: Francisco Alves, 1917.

_____. *Os novos brinquedos*. Lisboa: Tipografia A Editora, 1909.

_____. *As novas histórias*. Rio de Janeiro: Ed. G. Ribeiro dos Santos, 1907.

PINTO, Ziraldo Alves. *Todo Pererê*. São Paulo: Moderna, 2002.

_____. *A turma do Pererê*. 1972/1973.

_____. *Flicts*. 20ª ed. São Paulo: Melhoramentos, 1967.

PIROLI, Wander. *O menino e o pinto do menino*. Il. Jarbas Juarez. Belo Horizonte: Comunicação, 1975.

_____. *Os rios morrem de sede*. Il. James Scliar. Belo Horizonte: Comunicação, 1976.

QUEIRÓS, Bartolomeu. *Para criar passarinho*. Il. Waler Lena. Belo Horizonte: Miguilim, 2000.

_____. *Minerações*. Il. Paulo Bernardo Vaz. Belo Horizonte: RHJ, 1991.

_____. *Pedro: O menino que tinha o coração cheio de domingo*. Il. Sara Ávila de Oliveira. Belo Horizonte: Veja, 1977.

QUINTANA, Mário. *Pé de pilão*. Il. Edgar Koetz. Porto Alegre: L&PM, 1980.

_____. *Sapato florido*. Rio de Janeiro: Globo, 1948.

_____. *Antologia poética*. Seleção e apresentação Walmir Ayala. Rio de Janeiro: Tecnoprint, s. d.

QUINTELA, Ary. *Cão vivo: Leão morto era apenas um índio*. Il. Sonia Sedic. Belo Horizonte: Comunicação, 1980.

RAMOS, Graciliano. *A terra dos meninos pelados*. Rio de Janeiro: Record, 1982.

_____. *Histórias de Alexandre*. Rio de Janeiro: Leitura, 1944.

RANGEL, Pedro Paulo. *Assassinato na floresta*. Il. Regina C. Wilke, Maria Helena Werner. São Paulo: FTD, 1991.

_____. *Revisão criminal: o assassinato de Duclerc*. São Paulo: FTD, 1990. (Coleção As Aventuras de Ivo Cotoxó)

_____. *O assassinato do conto policial*. São Paulo: FTD, 1989.

REGO, José Lins do. *Histórias da velha Totônia*. Il. Tomás Santa Rosa. 4ª ed. São Paulo: Melhoramentos; Instituto Nacional do Livro, 1971.

REZENDE, Stela Maris. *A terra dos mais belos desejos*. Imagem de Ana Raquel. São Paulo: Paulus, 2002.

REY, Marcos. *O rapto do garoto de ouro*. Capa e il. Jayme Leão. São Paulo: Ática, 1987.

_____. *O mistério do cinco estrelas*. Capa e il. Jayme Leão. 8ª ed. São Paulo: Ática, 1982.

RIBEIRO, João Ubaldo. *A vingança de Charles Tiburone*. Rio de Janeiro: Nova Fronteira, 1990.

_____. *Vida e paixão de Pandonar, o cruel*. Il. Ivan & Marcello. São Paulo: Nova Fronteira, 1983.

ROCHA, Ruth. *O que os olhos não vêem...* Il. Carlos de Brito. 11ª ed. Rio de Janeiro: Salamandra, 1983.

_____. *O rei que não sabia de nada*. Il. José Carlos de Brito. 11ª ed. Rio de Janeiro: Salamandra, 1980.

_____. *O reizinho mandão*. Il. Walter Ono. 14ª ed. Quinteto editorial, 1978.

_____. *Marcelo, marmelo, martelo*. Capa e il. Adalberto Cornavaca. Rio de Janeiro: Salamandra, 1976.

SANDRONI, Luciana. *O Mário que não é de Andrade. O menino da cidade lambida pelo igarapé Tietê*. Ilustrações de Spacca. São Paulo: Companhia das Letrinhas, 2001.

_____. *Ludi na revolta da vacina: uma odisséia no Rio Antigo*. Il. Humberto Guimarães. Rio de Janeiro: Salamandra, 1999.

_____. *Minhas memórias de Lobato, contadas por Emília, Marquesa de Rabicó, e pelo Visconde de Sabugosa*. Il. Laerte. São Paulo: Companhia das Letrinhas, 1997.

_____. *Falta um pé*. Il. Elisabeth Teixeira. Rio de Janeiro: Ediouro, 1996.

_____. *Ludi na TV*. Il. Humberto Guimarães. Rio de Janeiro: Salamandra, 1994.

_____. *Memórias da Ilha*. Rio de Janeiro: Agir, 1991.

_____. *Ludi vai à praia: a odisséia de uma marquesa*. Capa e il. Humberto Guimarães. Rio de Janeiro: Agir, 1989.

_____. *Gata menina*. Il. Lúcia Vignoli. São Paulo: Scipione (Coleção Dó-Ré-Mi-Fá).

_____. *Manuela e Floriana*. Il. Ivan Zigg. Rio de Janeiro: José Olympio, 2000.

SANTOS, Joel Rufino dos. *Histórias de Trancoso*. Il. Zaflávio Teixeira. 2ª ed. São Paulo: Ática, 1985.

_____. *Cururu virou pajé*. Il. José Flávio Teixeira. São Paulo; Ática, 1984.

_____. *O curumim que virou gigante*. Il. Lucia Laacourt. São Paulo: Ática, 1980.

SÉGUR, Condessa de. *Ver-de-ver meu pai*. Il. Roger Mello. 1ª ed. Porto Alegre: L&PM, 1996.

_____. *O general Dourakine*. Texto em português de Herberto Salles. Rio de Janeiro: Ediouro, 1972.

STEVENSON, Robert Louis. *A Ilha do Tesouro*. Adpatação de Claire Ubac. Il. François Rosa. Trad. Luciano Machado. São Paulo: Ática, 2002.

VERISSIMO, Erico. *As aventuras de Tibicuera, que são também do Brasil*. 2ª ed. Porto Alegre: Globo, 1966.

VIEIRA, Isabel. *Em busca de mim*. São Paulo: FTD, 1990.

VIGNA, Elvira. *A breve história de Asdrúbal, o terrível*. Rio de Janeiro: Bonde/Instituto Nacional do Livro, 1978.

ZOTZ, Werner. *Rio Liberdade*. 1ª ed. Rio de Janeiro: Nórdica, 1984.

_____. *Apenas um curumim*. 13ª ed. Capa e il. Jubal Sergio Dohms. Rio de Janeiro: Nórdica, 1982.

_____. *Não-me-toque em pé de guerra*. Rio de Janeiro: Nórdica, 1982.

Sou professora e, além do meu trabalho, o que eu mais gosto de fazer é ler. Lembro-me, ainda hoje, das mensagens significativas que eu já era capaz de apreender das leituras que fazia. Nessa época eu devia ter uns sete anos. Já sabia ler, mas desconhecia os mistérios que envolvem a vida das pessoas.

Peter Pan, então, foi conselheiro de muitas horas, durante longos e desafiadores anos. Depois vieram José de Alencar, Érico Verissimo, Júlio Verne, Shakespeare, Machado de Assis, Manuel Bandeira e muitos outros... Minha vida era um volume aberto. Vários nomes estrangeiros e brasileiros compunham o arsenal que me alegraria e mudaria o meu modo de ver o mundo. Eu era estudiosa. Não sabia, mas investigava casos acontecidos com outras pessoas e buscava soluções.

Desde os dez anos sinto em mim o gosto doce e reflexivo da leitura. A magia contida nas histórias infantis, o desejo de reproduzi-las oralmente, a satisfação que a leitura oral, a pesquisa e a produção escrita me propiciavam eram momentos de duradoura felicidade.

Hoje, mãe de três filhos e de outros tantos que a vida profissional se encarregou de me arrumar, tenho a grata satisfação de, a partir de um envolvimento mais sério com o conhecimento e a pesquisa acadêmica, apresentar o fruto de um trabalho exaustivo de leitura e de crítica que é *A literatura infanto-juvenil brasileira vai muito bem, obrigada!* e que a DCL acaba de publicar.

Impressão e acabamento
Imprensa da Fé